AF596978

VUES SUR L'ORGANISATION DE L'INSTRUCTION PUBLIQUE, ET SUR L'ÉDUCATION DES FILLES.

PAR ISIDORE LEBRUN, DE CAEN.

Numerus ordinem poscit : ordo ex administratione pendet : administratio ex legibus ; ac proindè ex legislatoribus et præfectis.
DUBOULAY, Hist. Univ. Parisiens. T. I. p. 249.

PARIS,

Chez { PETIT, FAVRE, } Libraires, au Palais Royal ; GIDE, Libraire, rue Saint-Marc, N.° 20.

A CHARTRES, chez HERVEY, Libraire.

1816.

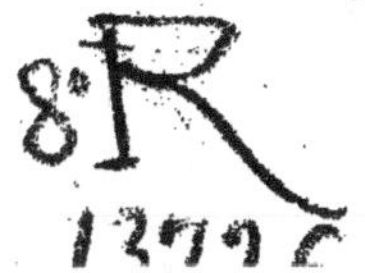

A Chartres, de l'Imprimerie de la veuve DESHAYES.

VUES
SUR L'ORGANISATION
DE
L'INSTRUCTION PUBLIQUE,
ET
SUR L'ÉDUCATION
DES FILLES.

Les spéculations de la philosophie et les discussions politiques sont inutiles, lorsque l'expérience, montrant les causes et les effets d'une longue révolution, fait entendre le langage austère de l'impérieuse nécessité ; et l'art près de l'évidence perd sa force. Promenons nos regards autour de nous : nous voyons les mœurs corrompues, la jeunesse livrée au libertinage et déjà impie; la société en proie à l'égoïsme et tourmentée par la défiance, puisque la bonne foi est méconnue; le génie des révolutions qui s'agite furieux au milieu des fers dont il est chargé, et qui nous menace de nouveaux attentats; les Lettres réduites au silence ou profanées, la religion sans pouvoir, toutes les institutions dans l'abaissement. A ce tableau, qui entreprendra de démontrer l'utilité de la bonne éducation ? Que des ruines sont éloquentes ! Nous qui, dès l'enfance, fûmes accablés de débris et dont les mains se sont conservées pures, rassemblons les restes des anciens colléges et portons-les avec respect auprès des écoles nouvelles : notre affliction deviendra plus vive ; mais nous trouverons dans la splendeur du passé, parmi les innovations et les malheurs du présent, des secours abondans pour réédifier un temple durable à l'instruction publique.

Les temps, il est vrai, s'annoncent peu propices à son entière restauration. D'énormes impôts, seuls préservatifs de maux plus affreux, pèsent sur les fortunes. Tant de chûtes rapides signalent nos jours ! Partout de grands besoins et des ressources médiocres. Tous les calculs sont trompés, tous les intérêts froissés. Cependant le Gouvernement, légitime, ferme et sage, rétablit le cours de la justice que de coupables administrateurs ont rompu autant de temps que le pouvoir leur en a été laissé ; il pardonne jusqu'à la trahison, mais il éteint les factions : déjà les finances s'améliorent, le commerce se ranime. Je me trompe peut-être, je vois à la fois dans l'instruction publique, le remède à la dépravation des mœurs et à l'impiété, le flambeau de l'esprit public, le gage de la réconciliation des Français, et des Français avec les Nations qui gardent encore les armes au sein de la paix qu'elles leur ont imposée.

Serait-ce un paradoxe de dire que la corruption, quoique bien déplorable, n'est pas parvenue au degré du mal auquel il était possible qu'elle atteignît ? Du moins, on espérait davantage à la correction des mœurs. Quelle nation, privée tout-à-coup de son Gouvernement, perdant avec ses institutions le bonheur, en proie aux discordes, précipitée dans l'anarchie d'où le despotisme militaire ne l'arrache que pour l'entraîner dans des invasions lointaines et la forcer à vaincre des peuples amis, qui se réunissent pour l'accabler de tout leur courroux, quelle nation aurait connu de la réserve dans la dépravation, aurait sauvé de la subversion génerale son caractère ? Les mœurs françaises, dans ces vingt-cinq dernières années, n'ont pas été horribles : leur politesse a même ôté au vice de sa laideur ; et, dans les débordemens de l'ambition et du luxe, on trouve quelques crimes et beaucoup de ridicules. C'est que les leçons de l'éducation vivaient encore dans les cœurs : tous avaient été élevés dans l'amour des devoirs par la religion et sous une domination que leurs pères chérissaient : ces principes pouvaient être altérés, jamais perdus même pour les plus fougueux novateurs. Mais cette précieuse tradition parvenait sans force à la génération qui, naissant au milieu de la révolution, était encore condamnée à devenir la victime de ses forfaits. Ils furent affreux : de quelles calamités était donc menacée la société, si nous n'eussions pas recouvré le Gouvernement qui doit rétablir la bonne éducation ?

Déjà quel est l'état de l'enfance ? Le souffle de la corruption la flétrit, qu'elle n'atteint pas encore à la raison : elle ignore tout excepté le mal : ses regards ne sont frappés que du spectacle du vice et de l'impiété : quelques principes de religion ont-ils été posés dans son cœur, ils périssent dès cette époque où son esprit ne se développe que pour dévorer des écrits licencieux. Il n'y a plus d'enfans, disent les parens affligés. Hélas ! non ; mais nous avons des philosophes pour lesquels tout est préjugé, fanatisme ; nous possédons des politiques imberbes qui dissertent sur la science des Gouvernemens. Des romans sont leurs catéchismes : ils étudient encore le rudiment, parce que l'intérêt et l'ambition leur apprennent que les emplois demandent quelque teinture des lettres, et afin de satisfaire un jour ces passions dont la fougue devient pour leur faiblesse le plus cruel tourment. Les infortunés ! que l'instruction ne leur offre-t-elle un appui plus ferme ? ils s'en saisiraient pour retourner à la vérité. Car la jeunesse est ce qu'on veut qu'elle soit : qu'on éclaire sa raison, elle deviendra religieuse, et chrétienne si l'impiété est bannie des chaires. Et que de moyens les maîtres ne possèdent-ils pas ? Un thème peut-être une leçon de morale. La religion, toujours, dut être la base de l'instruction ; mais, dans ce siècle de désordre, c'est par l'instruction que la jeunesse veut être ramenée au culte de ses pères. Puissent les principes qu'elle en recevra, croître pour elle avec ses années, et lui assurer des secours dans les époques orageuses de la vie ! Son esprit, en outre, dirigé par la méthode, sera exempt et de l'arbitraire des systèmes et des tourmens de l'irréligion ; état nécessaire à l'homme pour son bonheur, à la science pour ses progrès, et au Royaume pour sa tranquillité.

L'instruction publique, avons nous dit, est le flambeau de l'esprit public : c'est elle qui éclaire la société sur ses vrais intérêts. Des familles achetaient l'élévation de quelques-uns de leurs enfans par la perte des autres : il entrait dans les calculs de pères avides de livrer leurs fils au conquérant pour se pousser eux-mêmes dans les dignités ; et la jeunese, abusée par l'éclat d'une fausse gloire, ressentait les inclinations de l'ambition dès ses plus tendres années. Tout, enfin, est changé : avec un gouvernement gigantesque se sont évanouis les projets chimériques. Mais l'abattement suit l'espérance déchue : moment précieux pour l'instruction publique, si elle se hâte de convaincre les jeunes gens de la nécessité de l'ordre, de leur faire chérir des devoirs qui sont la source des droits, de les élever dans l'amour d'un Gouvernement paternel et véritable protecteur des Lettres, qui proclame lui-même tous les Français admissibles aux emplois. Ces leçons, les classes ne les renferment point ; car ne pas sentir que l'instruction publique profite aux familles en même temps qu'aux enfans, ce serait méconnaître la puissance de l'institution qui propage, avec les lumières, les principes des mœurs et du bon ordre pour tous les sexes et dans toutes les conditions. Et l'Université s'est toujours montrée digne d'exercer cette magistrature domestique. Elle, qui raluma et entretint le feu sacré des Lettres, malgré toutes les fureurs de la guerre, elle conserva pur, au retour du conquérant, le véritable esprit public, cette force morale qui, seule, résiste à la tyrannie et fait la puissance. Ce fut, généralement, dans ses écoles que la jeunesse trouva des soutiens contre l'usurpation : dans leur sein aussi elle sera préservée des doctrines que les factions aux abois cherchent encore à répandre (1).

Jamais, autant que dans notre âge, l'espérance du Gouvernement ne s'est reposée sur la jeunesse ; et ce n'est pas son sang qu'il veut verser ; ce sont ses talens, son amour, ses services qu'il réclame. Les jeunes gens, a-t-on répété d'après d'Alembert, sont fort propres à faire des révolutions : le

---

(1) On peint l'Université comme dévouée à l'usurpateur, animée de l'esprit de révolution et possédée de l'impiété et de l'athéisme. M. Carnot, *il y a huit mois*, dénonçait à l'usurpateur, à tous les agens de sa police, le corps enseignant, comme infecté entièrement de *fanatisme*, et comme atteint et convaincu de *royalisme*, non seulement parce qu'il rejettait la nouvelle constitution, mais parce qu'il s'opposait encore à la formation des *fédérations scholastiques*. Le Ministre était-il un déclamateur, et calomniait-il l'Université ? Ou bien, les faits déposent-ils de la vérité de sa dénonciation ?

même écrivain disait aussi : « Ils sont peut-être les meilleurs » juges, parce que tout leur étant nouveau, ils n'ont d'autre » intérêt que celui de bien choisir ». Ils sont destinés, au XIX.e siècle, à réparer les maux de la fin du XVIII.e. Plut à Dieu que les sentimens de sincérité et de modération qui animent déjà une grande partie d'entr'eux, fussent communs à tous les rangs et à tous les âges! On ne verrait plus cette espèce d'inquisition civique qui scrute l'opinion de chacun et divise lorsqu'il faudrait rapprocher pour réunir ; et le Trône, entouré de vrais serviteurs, n'aurait ni à redouter les excès d'un zèle exalté, ni à punir les vœux affreux qu'exhale une rage incendiaire. Une réconciliation franche, un pardon réciproque, ce sont donc des choses impossibles? Faut-il que l'Etat attende le repos jusqu'à ce que la mort ait frappé une partie de la génération? Le bien que l'instruction doit opérer, ne pouvons-nous le dévancer? La Nation est livrée au malheur, elle reste forte encore, si elle était unie : nous oublions que la France, dans tous les temps, n'eut qu'à vouloir la paix pour retrouver le bonheur. Ah! que ne sommes-nous éclairés sur nos intérêts! Si nous savions profiter de nos infortunes; si, abjurant nos erreurs avec sincérité, nous travaillions de concert à réparer leurs effets; si nous étions persuadés que la justice est à la stabilité des gouvernemens ce que l'éducation est aux mœurs, et que la gloire durable ne s'acquiert que par les arts et par les sciences; peuples de l'Europe! vous qui, naguère, avez fait acheter la paix à notre Nation par tous les maux de la guerre, vous reparaîtriez dans nos cités, mais ce serait pour admirer la puissance rapide du patriotisme et de la vraie industrie. La victoire nous avait donné les chefs-d'œuvre des arts, la victoire nous les a arrachés et vous les a rendus : il est aussi des trésors que l'Europe conjurée ne pourrait jamais nous enlever : nos Orateurs, nos Poëtes, vous nous les envierez toujours; ou plutôt, nous vous convions à les étudier avec nous : nos écoles purifiées se rouvrent pour vos enfans et pour les nôtres : qu'ils y resserrent, que nous y resserrions nous-mêmes, sous les auspices des Lettres, les nœuds de la plus douce réconciliation. O France! applique-toi au commerce, tu as par-tout des tributaires; cultive ta littérature, tous redeviennent tes disciples.

Autant l'Etat peut retirer de prompts secours de l'instruction publique, autant il courrait de dangers à retarder de les obtenir. Les mœurs de la jeunesse sont-elles négligées, c'en est fait de la discipline, de la décence, des vertus domestiques; et lorsque l'éducation qu'elle reçoit n'est point pure, il n'y a plus de sûreté dans le commerce, de justice dans les tribunaux, d'honneur dans les armées, de patriotisme et de soumission dans les peuples. De nos jours, sur-tout, la jeunesse accroît la dépravation, si elle n'en est préservée; et si elle n'est appliquée aux études, elle se livre à l'esprit de faction. L'élite de cet âge, dans les temps ordinaires, est destinée à continuer les travaux qui s'interrompent, à ranimer les vertus qui s'éteignent, à ressusciter les talens qui expirent: dans ce siècle, les besoins publics anticipant sur les années, l'appellent à soutenir, à réparer l'édifice social tant ébranlé de toute part. Déjà il en retire de grands secours. Lorsque d'un côté sont des hommes dont les opinions, quelques respectables qu'elles soient, entraîneraient l'Etat à sa ruine; lorsque de l'autre sont rassemblés encore ces fauteurs de la révolution qui ont vieilli avec elle, également insensibles aux malheurs du Royaume et à la clémence du Roi, caressant toujours de pernicieuses erreurs; la patrie trouve des guerriers fidèles, des Magistrats fermes, des Administrateurs dévoués, dans cette portion de la jeunesse qui se livre avec ce dévouement qu'inspire une conduite intègre, au service du Monarque que la Providence nous a rendu.

Sans doute il est difficile de donner une bonne organisation à l'instruction publique. Les révolutions abattent, renversent tout, et elles condamnent à de longs essais pour rétablir: en ôtant des abus, elles font naître des vices. Les institutions, si elles se relèvent dans le siècle qui les vit tomber, doivent, pour ainsi dire, composer avec lui: elles qui subsistent pour les âges suivans, elles leur portent le honteux témoignage de ses fureurs. Et ces leçons si terribles, que les contemporains y inscrivent de leur propre sang, restent inutiles! Tous les crimes font condamner notre révolution: elle produisit aussi des améliorations; du moins ne nous ôtons pas la consolation d'en profiter.

C'est, de plus, une nécessité. Toutes les blessures de la patrie ont été soudées; elles sont profondes sans doute, mais on est délivré d'alarmes plus déchirantes que la douleur même ; car telle est la prévention, elle grossit le mal, prolonge les besoins et retarde le bien. L'Université existe déjà : elle réclame de nouvelles dépenses ; elle possède aussi des ressources qu'il ne s'agit que de bien fixer : son régime contient de grands défauts ; qu'on les corrige, et l'instruction publique verse bientôt tous ses bienfaits ; elle rentre dans sa gloire. Les principes de ce régime, les Ordonnances royales nous le prouvent, sont les seuls que le présent comporte. Qu'ont-ils donc de dangereux, pour qu'il faille affliger ce pauvre peuple déjà gémissant sous le poids des charges, par des changemens, ou, ce qui est pire, par des propositions de changemens, lesquelles, à force de tourmenter l'opinion publique, affaiblissent, ôtent la confiance tant nécessaire à la stabilité de l'Etat ? Et est-il bien d'entreprendre de détruire soudain la révolution par une autre révolution ? N'est-ce pas vouer la nation la plus mobile à de continuelles agitations ? Abattre entièrement pour rebâtir sur un sol volcanisé, c'est ramener le chaos. Combien il juge mieux des temps, des personnes et des choses, ce Monarque qui, par la Charte constitutionnelle, a concilié le passé avec le présent, et ainsi s'assure de l'avenir. Remercions aussi les fauteurs de la première révolution ; confions-nous à leur rage destructive autant qu'à la sagesse du Gouvernement ; son ouvrage est dans le leur ; c'est le contraire de ce qu'ils firent. Ces novateurs perfides s'occupèrent de l'instruction, et ce fut pour la perdre : las enfin de régner par la terreur et l'ignorance, ils créèrent des écoles qui, sans rapports entr'elles et toutes *centrales*, gardèrent la tache et la faiblesse de leur origine.

Dans l'instruction publique, comme dans l'Etat, nous avons fait l'épreuve de tous les régimes, et de celui qui, à force d'être morcelé, ne produit que la licence, et de celui dont les parties abandonnées à elles-mêmes se choquent, si elles se rencontrent ; et du régime d'un moteur unique qui entraîne et ne dirige pas, et dont les ressorts tendus avec trop de force s'embarrasseut encore par leur nombre. Enfin nous jouissons d'un Gouvernement constitué avec sagesse, et également distant de l'anarchie et du despotisme. Sa justice et sa modération vivifient déjà toutes les parties de l'administration : là, où l'innocence était repoussée par l'orgueil, elle trouve protection. Unité, légitimité, dogmes politiques, vous seuls consolidez toutes les institutions sociales.

L'unité, utile à la science, est nécessaire à l'instruction publique; le siècle, la raison, la situation de la France exigent qu'un corps unique, animé d'un seul esprit, astreint à une méthode uniforme et régi par les mêmes statuts, soit chargé de l'enseignement. Si, par la nature même de ses fonctions, ce corps penche un peu vers la démocratie, il n'en reste pas moins soumis au gouvenement dans lequel il est; mais celui-ci ne profite de tous ses services, qu'autant qu'il respecte ses droits. Sans une organisation MONARCHIQUE CONSTITUTIONNELLE, il n'existe dans l'instruction publique, ni amour pour des fonctions pénibles qui ne sont pas protégées, ni émulation, puisqu'elles manquent de stabilité. Devoirs, droits, affections, tout se réunit en faveur du corps enseignant, pour qu'il ait, ou plutôt pour qu'il recouvre le pouvoir d'élire ses administrateurs; c'est afin qu'il porte lui-même, aux pieds du Trône, les témoignages de sa fidélité.

Concilier l'ancien droit public de l'Université avec le systéme général du Gouvernement, tel est le problème à résoudre par l'organisation qu'elle attend. Autrefois les Universités étaient indépendantes entr'elles; mais leur isolement faillit plus d'une fois leur devenir dangereux; et il est permis de croire que l'unité eût ajouté encore à leur splendeur. Elles avaient pour appui la grandeur du clergé, la puissance de la magistrature; et l'éclat qu'elles en empruntaient, elles le leur reportaient plus brillant: elles étaient des âges les plus célèbres de la Monarchie, et la gloire luisait même autour de leur berceau; les moeurs publiques, l'ardeur général pour les Lettres, de grands biens, les consacraient au respect de la Nation: il n'y avait pas jusqu'à des prérogatives, des usages antiques, même des préjugés, tradition d'amour et de vénération que l'on ne rompt point impunément, qui ne les protégeassent contre les atteintes des autres pouvoirs. Tout s'est perdu dans la révolution.

Les provinces dans lesquelles étaient établies les Universités, ont perdu jusqu'à leurs noms; à leurs parlemens on a substitué des cours royales qui ne les remplacent point: leurs coutumes particulières ont été fondues dans une seule législation; l'esprit l'esprit comme les formes de leurs administrations n'existent plus : enfin la France, composée autrefois d'autant d'Etats qu'elle comptait de pays de caractère et de mœurs différens, et qui, réunis sous un même Souverain, lui opposaient sans cesse leurs priviléges, la France forme un corps entier et mu par une puissance unique. Cette organisation ne serait pas la meilleure, la seule véritablement monarchique, qu'elle devrait néanmoins être commune à l'instruction publique; et déjà elle l'a délivrée, ainsi que les autres institutions, des abus que le temps avait fait croître autour d'elles. Mais la Charte constitutionnelle n'approuve pas seulement ce régime, elle le sanctionne; et le purgeant des principes révolutionnaires, le Gouvernement en adopte les formes dans toutes ses parties.

L'Université recompose sans cesse tous les corps de l'Etat, et son esprit les anime plus ou moins sensiblement : la puissance royale est le centre commun de l'administration entière, mais l'influence du régime des écoles est la première que la jeunesse reçoit. Le Gouvernement dirige-t-il lui-même, et dans son esprit, l'instruction publique ? il augmente son propre pouvoir; il laisse à l'enseignement toute sa puissance; il conserve cette espèce de lien invisible qui tient toutes les parties de la chose publique. Abandonne-t-il les études à l'intérêt particulier ou aux passions d'autorités diverses ? pour l'Etat il y a perte de l'un de ses plus forts soutiens; pour l'éducation, atteinte de langueur, énervée, sans cesse elle est prête à s'éteindre. Améliorer afin de consolider, telle est la tâche du présent; détruire pour régénérer, n'appartient qu'au génie des révolutions; mais l'instruction publique a besoin seulement d'un bon régime pour opérer une véritable régénération dans les mœurs et dans les Lettres. Et le corps qui, le plus illustre par ses lumières, tire en outre la plus grande gloire de ses vertus, ne peut-il pas prétendre à devenir le modèle même d'une administration libérale, juste, douce sans faiblesse, qui commande parce qu'elle protége, dont la force est dans la modération, et assez puissante pour se conserver elle-même ?

Telle était, à-peu-près, l'organisation que demandaient nos pères par les cahiers qu'ils remirent aux Etats-généraux de 1789. Mais alors on était bien éloigné de vouloir spolier les écoles de leurs biens : tant on était convaincu que les hommes chargés de répandre l'instruction, doivent être considérés et jouir d'honorables récompenses. Ce principe a été constamment rejetté par ce Gouvernement qui, s'il *organisa*, d'après les dispositions même de la constitution de 1791, *une instruction publique dont les établissemens étaient distribués graduellement dans un rapport motivé avec la division du Royaume*, voulut uniquement se créer un appui pour ses projets de conquêtes. Dans quelle abjection il détenait les Professeurs! Il ne s'approchait d'eux que pour exercer son despotisme. Qu'il ne les couvrît par des honneurs impériaux, il épargnait leurs principes; mais il les asservissait à une discipline tyrannique, afin d'étouffer l'esprit de corps. Lorsque l'Université revint, pour ainsi dire, d'exil, son dénuement ne put toucher une nation dégénérée et livrée à un luxe effréné : ses besoins étaient bien connus du Gouvernement, et un impôt, réprouvé par l'opinion, fut le seul secours qu'il lui accorda. Dépouillée de toutes les richesses des anciennes écoles, elle hérita du moins de leurs principes. La modération dans l'éclat de la prospérité, voilà l'exemple que l'Université fournit pendant VII siècles : la résignation dans la détresse, tel est le spectacle qu'elle offre de nos jours. Heureuse, néanmoins, si des administrateurs ne se fussent pas servi du pouvoir qu'ils avaient sur elle pour opprimer ses membres!

Il n'est que trop vrai que l'amour du bien public n'anime pas seul dans les administrations : les passions s'agitent de tous les côtés pour briguer les emplois : les passions les donnent ou les ôtent, et elles se plaisent encore à en gêner l'exercice: dans ce conflit perpétuel des prétentions et des intérêts, l'innocence et la faiblesse ont tout à redouter. Les moyens faciles que nous trouvons de commettre l'erreur ne sont pas les plus funestes, ce sont les obstacles qu'elle oppose à la réparation. L'autorité n'est jamais tant trompée que lorsqu'elle croit ne l'être pas; car quelles iniquités coûtent à la haine et à la cupidité pour l'égarer? Qui n'a point vu des fonctionnaires irréprochables subissant la punition prononcée contre les délits? Ah! que d'exemples semblables se pressent sous ma plume? Des dépositaires du pouvoir n'ont pas eu honte de l'employer contre le corps qui les rendit capables de l'obtenir, contre le Gouvernement qui le leur confia ! Un écrivain combat les funestes principes que le club des représentans appèle (1) *libéraux*, des fonctionnaires veulent attenter à la liberté de la presse, à la liberté individuelle ; et irrités encore de ce que ce membre de l'Université est honoré des suffrages augustes des Princes qu'ils trahirent et repoussèrent de la France, ils se servent de l'autorité qui va leur échapper, pour tromper une administration appliquée à réparer les maux qu'ils ont faits à l'instruction publique.

Que de droits, cependant, acquièrent à la justice et à la protection de tous les corps de l'Etat, ces hommes qui lui fournissent ses administrateurs et sacrifient à la jeunesse tous leurs plaisirs, ou plutôt qui n'en goûtent qu'un seul, celui d'élever de bons Français ? Ne sont-ce pas eux qui cultivent notre patrimoine le plus cher, l'augmentent encore par leurs veilles, et qui nous en offrent libéralement tous les fruits ? Les Lettres firent les délices de nos ancêtres et leur gloire ; et leur tendre sollicitude aimait à préparer le bonheur de leur postérité. Ils furent généreux et dotèrent richement les écoles pour perpétuer les bienfaits de l'instruction publique : quelle ne serait pas leur indignation à la vue de son indigence et de son humiliation ? Rien ne coûtait à leur reconnaissance, et nous, nous n'écoutons qu'une sordide parcimonie. Privons-nous, s'il faut que le génie fiscal préside à l'éducation, privons-nous des lettres et des sciences : mais la génération qui naît, pouvons-nous, sans nous rendre coupables, la condamner à recevoir une instruction mauvaise ou imparfaite. Hélas ! n'aura-t-elle pas assez de déplorer les erreurs et les maux de ses pères ? L'ignorance, l'esprit de faction, tous les vices, voilà donc le legs que nous lui apprêterions !

Une réflexion paraît frappante. Les Français, tourmentés long-temps par un Gouvernement conquérant, achetèrent ses triomphes sanglans par la vie de leurs enfans et par des impôts ruineux. Deux ou trois centimes par franc, ajoutés à la seule contribution foncière, suffiraient pour qu'ils procurassent une instruction pure et libérale à leurs fils qui ne leur seront pas enlevés, dont l'appui restera à leur

(1) Voir une Brochure ayant pour titre : *Haro sur les Buonaparte* ; par Lid. L*. Paris, chez Gide, Libraire, rue Saint-Marc.

vieillesse ; que le Gouvernement aimera à revêtir des emplois, s'ils en sont rendus dignes.

Mais la restauration de l'instruction publique ne peut être un travail désespéré dans la France, dans cette terre classique et dotée de tant de chefs-d'œuvre. Il en est qui ne respirent que ruines, afin de donner des plans de construction; comme quelques architectes ne demandent qu'à abattre pour rebâtir. Il n'y a rien à detruire : il faut seulement diminuer pour affermir, simplifier, épurer. Enfin, que nous révèle l'expérience ? des abus, des erreurs et des besoins ; mais à côté nous nous appercevons les améliorations à apporter, des ressources à faire valoir.

L'ENSEIGNEMENT veut une réforme dans quelques-unes de ses parties, afin qu'elles soient toutes coordonnées. Le CORPS ENSEIGNANT réclame tout ce qui est juste, ce qu'il est facile de lui accorder : la liberté qui s'allie avec la subordination, la protection nécessaire aux petits contre la grandeur, tous les droits que les siècles et la bienveillance de nos Rois lui ont accordés ; il réclame une ADMINISTRATION telle qu'il puisse répondre entièrement aux vœux des familles qui demandent pour leurs enfans une pratique exacte de la religion, plus de force dans la discipline, un amour plus vif pour l'étude, préservatif du libertinage et des doctrines perverses.

La société qui a besoin de citoyens d'autant plus fidèles qu'ils seront instruits et bien instruits, les Lettres qui veulent jouir de leur indépendance, l'intérêt général, se réunissent pour obtenir dans les DÉPENSES une fixation équitable, grande, et une assiette dans les REVENUS qui, sans les rendre onéreux, les délivre de l'arbitraire.

Enfin, lorsque le salut de l'Etat dépend de la régénération des mœurs et de l'instruction publique, n'est-ce pas une nécessité de s'occuper de l'ÉDUCATION du sexe dont le sage Précepteur, *Fénélon*, disait : « Il est constant que la mau» vaise éducation des femmes fait plus de mal que celle des » hommes ».

DE L'ENSEIGNEMENT ET DU CORPS ENSEIGNANT.

« Tout Gouvernement illégitime est entouré de deux écueils redoutables pour lui. Des nouveautés peuvent séduire d'abord un peuple qui sort d'une révolution ; mais il ne tarde pas à les apprécier, et sa sévérité est d'autant plus grande, qu'il a été plus malheureux : alors s'organise la tyrannie qui périt enfin, malgré ses cachots et ses satellites. Si l'usurpation relève les ruines sur lesquelles elle fonde son pouvoir, elle s'accuse elle-même et s'expose aux comparaisons les plus dangereuses : cependant on lui tient compte du respect qu'elle garde pour les moeurs nationales ; la multitude est gagnée aisément, lorsque son caractère n'est pas violenté ; ceux même qui sont les plus attachés à l'ancien ordre de choses, se laissent entraîner peu-à-peu vers un régime qui s'en rapproche lui-même. Le passé fut toujours le garant de l'avenir ».

« Héritier de la révolution française, Buonaparte entreprit à-la-fois d'éblouir les esprits par un gouvernement inoui, et de les comprimer par la terreur ; et, comme la révolution, il prépara la chûte de son ouvrage. Son orgueil donnait pour le fruit de la sagesse, ce qui était l'effet du charlatanisme, quand ce n'était pas celui du despotisme : son ambition, créatrice à force d'être gigantesque, se tourmentait à produire des innovations. Non, cependant, que tout soit à condamner dans son administration : son génie malfaisant commit quelquefois le bien. Mais était-il contraint de rétablir quelque institution ? il en dénaturait l'esprit ou l'objet ; les formes, du moins les noms en étaient changés ; et, par une espèce de plagiat politique, il amalgamait avec les coutumes antiques de la Monarchie, celles des Grecs, des Romains, des Mamelouks, des Allemands, etc. Il travaillait à *dénationaliser* la France. Ainsi sont nés des établissemens éphémères, des dignités déjà oubliées, sur-tout les systèmes différens qui ont affligé l'instruction publique ». (*Mémoires* inédits *pour servir à l'Histoire de ces vingt dernières années*, par l'Auteur.

Le gouvernement impérial voulut établir l'unité dans l'enseignement, et ce fut l'unité de la tyrannie qui resserre tout ce qu'elle crée dans des limites étroites et soupçonneuses, indices de sa crainte en faisant le bien. L'unité n'est point cette pénible uniformité qui rend également dangereuse l'étendue ou la petitesse des vues, entrave le talent, comprime le zèle et qui ne présente qu'un simple catalogue de pensées annuelles : elle dirige, au contraire, sans contraindre, elle ouvre une carrière nécessairement grande, puisqu'elle est générale, offre des trésors abondans et qui satisfont tous les besoins : elle est, pour la doctrine, le maintien de sa pureté, comme pour l'Etat la garantie des principes politiques du Corps enseignant et de ses disciples.

En France, l'instruction veut être monarchique : il faut donc qu'elle soit une. L'unité de méthode, d'enseignement, conduit la jeunesse à l'unité d'opinion sur la constitution et sur les lois ; et là est toute la stabilité du Royaume. On ne dit pas que l'unité de l'instruction fût devenue un préservatif de la révolution : peut-être la jeunesse studieuse eût embrassé ses principes avec moins de chaleur ; mais la génération qui peuple nos écoles, fournit déjà une véritable force pour l'Etat, si elle est élevée dans un même esprit.

On ne peut pas oublier que l'esprit d'innovation s'essaya d'abord sur les Lettres, afin de renverser, bientôt après, les appuis de la Monarchie. Quelle éruption ce volcan ne vient-il pas de faire ? Et ne le voyons-nous pas encore jetter des feux qui cherchent des alimens pour causer un nouvel embrasement ? Des écrits dangereux offrent, par leur propre publicité, les moyens de les refuter. Mais des maîtres peuvent profiter de leur influence sur une jeunesse ardente et inexpérimentée, pour propager leurs erreurs : l'instruction s'étend beaucoup par delà la grammaire. Ils ne seraient pas corrupteurs, qu'ils deviendraient corrompus ; serviteurs complaisans de leurs élèves, ils épouseraient les goûts et l'opinion des parens. La sollicitude des familles n'est pas même une garantie. Toujours séduit par l'apparence, le public admire l'ignorance audacieuse ; ce qu'il appelle confiance, n'est souvent qu'un caprice ou l'effet de la prévention : on dirait qu'il veut être trompé, et chaque jour le charlatanisme éléve pour lui ses traiteaux. A quelque surveillance que fussent assujetties les écoles, comment empêcher les factions de s'ouvrir au moins des pensionnats ? Mais la révolution qui place l'année 1815 parmi les époques les plus déplorables de notre histoire, a décidé la question de l'unité de l'enseignement.

Il fut déclaré libre par cette assemblée, à laquelle Barrère disait : « Nous avons *révolutionné* le Gouvernement, les lois, les usages, les mœurs, les costumes, le commerce et la pensée même ; *révolutionnons* donc aussi la langue qui est leur instrument journalier ». Ce qui fut décrété le 15 Septembre 1793, le 19 Frimaire an 2, le 5 Fructidor an 3, peut-il l'être en 1816 ? Il avait existé, après l'expulsion des Jésuites, une autre liberté. La surveillance des Colléges était confiée uniquement à des bureaux d'administration qui, étrangers souvent à cette magistrature particulière, laissaient les principaux maîtres sans subordination ; et la discipline des études était le partage de gens mercénaires, presque toujours coupables de négligence, lorsqu'ils ne l'étaient pas de déréglement. Mais, alors, la religion, les mœurs, l'opinion publique étaient respectées, les parens savaient apprécier la saine instruction dont ils avaient été eux-mêmes nourris.

La France a fait, pour l'instruction, l'épreuve de la liberté et de l'unité : il ne s'agit que d'écarter les clameurs de l'intérêt et les déclamations de la prévention, afin de juger des effets de l'une et de l'autre. Il est vrai qu'il existe peu d'émulation entre les écoles ; mais a-t-il pu en être autrement sous le gouvernement impérial ? Certes, l'Université savait que de l'union dépend la force, et de la force la prospérité. Les études, du moins, ont cessé d'être affligées d'une concurrence qui n'est souvent que la rivalité ; les avenues du temple des Muses ne sont plus obstruées par une foule d'empiriques qui colportaient d'écoles en écoles une mauvaise éducation, le pire des poisons, et qui vendaient au rabais les uns des autres, à une jeunesse ébahie, une science qu'ils ne possédaient pas (1). L'unité de l'enseignement est déjà tellement en rapport avec l'esprit du siècle et si utile au progrès des

---

(1) Ceux qui accusent l'Université de France de vexation envers les chefs d'écoles particulières, n'ont pas lu l'Histoire de l'Université. Ils y verront par-tout des défenses faites, dès le treizième siècle, d'ouvrir des écoles particulières, et des peines sévères portées contre les délinquans.

connaissances, qu'elle ne serait pas délaissée sans exposer les études à de grands dangers. Beaucoup de systêmes ont été publiés, beaucoup d'essais ont été tentés, et ce serait une raison pour en éprouver de nouveaux. En outre, la routine n'est pas moins funeste à l'instruction que l'innovation. Celle-là rejetterait des améliorations qu'elle ne comprendrait pas ou qu'elle aimerait à méconnaître.

Beaucoup d'écrivains, on le sait, rêvaient une perfection morale à l'époque où l'humanité comptait le plus d'erreurs et de crimes. On trouvait tout dans l'éducation, excepté ce qu'elle contient réellement. « Ce sont les instituteurs de la jeunesse, disait Mirabeau, qui font marcher les nations à la liberté ou qui les précipitent dans l'esclavage. » Quelle course la France a faite de la piété à l'irréligion, de la splendeur à la misère, de la tranquillité à l'état de conquérante ! Son plus grand besoin est le repos. Rendre la jeunesse ennemie des factions, l'éclairer sur ses devoirs pour les lui faire aimer, la rappeler au culte et aux moeurs de ses ancêtres, telle doit être la tâche de l'instruction en 1816, dans cet Etat agité encore par la révolution qui a failli l'abymer. Peut-être est-ce quand les passions sont réduites à s'affliger des maux qu'elles se sont faits à elles-mêmes, que l'esprit humain profitant des secousses qu'elles lui ont communiquées, devient véritablement capable de nouveaux progrès.

Plus l'importance de l'instruction est grande, plus le plan des études demande de méditations. L'enseignement des élémens ne paraît pas assez analytique : il exige les secours d'une longue pratique, et, communément, on le confie à des maîtres inexpérimentés. Existe-t-il une différence telle entre la VII.e et la VI.e, la V.e et la IV.e, la III.e et la II.e, que les mêmes maîtres ne puissent enseigner les uns le cours des élémens, les autres le cours que l'on voit dans les deux années de grammaire, etc. : de sorte que, par exemple, les deux professeurs d'humanité conserveraient leurs élèves pendant les deux années du cours que l'un de ces maîtres recommencerait alternativement chaque année ? L'étude des Belles-Lettres si négligée qu'il a fallu en supprimer la plupart des facultés, pourtant si réclamée pour les besoins de la chaire, du barreau et de la tribune, et qui est devenue

encore

encore plus nécessaire à tous depuis que les gazettes mettent la littérature à l'usage même du peuple, ne demande-t-elle point un deuxième professeur, du moins dans les grands colléges ? (1) On a accusé les sciences exactes des malheurs de la révolution; il en est qui croient que les découvertes de la physique ont conduit à l'athéisme, et ils voudraient faire, aux Gouvernemens, un épouvantail du creuset du chimiste : tâchons bien plutôt de profiter de la rectitude que ses Sciences mettent dans les idées, et de corriger ce qu'elles ont de spéculatif par les Lettres et par la morale; ainsi l'instruction profitera de tous les avantages de la méthode qui a tant augmenté les connaissances humaines. (2)

Mais à quoi bon des vues d'amélioration, si l'époque où est né le système actuel de l'enseignement, le rend essentiellement vicieux ?.. Oui, rejettons-le, abjurons tous nos souvenirs, tout ce que nous avons appris, repoussons le bien même que la force des choses a nécessairement allié au mal depuis vingt-cinq ans, si c'est à ce prix seul que nous devions recouvrer les bonnes mœurs et rester soumis au Gouvernement. Sans doute, le nouveau plan d'instruction sera plus parfait. Mais quoi ! on nous prévient qu'il est possible que plusieurs parties des études deviennent plus faibles et plus négligées : ce qui, après tout, ne paraît pas un inconvénient pour la plupart des états de la société. Ainsi, on ôte à l'éducation le régime qui la rend monarchique : celui qu'on propose de lui substituer tend à rétablir les systêmes qui furent adoptés dans l'époque réprouvée, et lorsque l'Europe entière admire avec nos chefs-d'œuvre littéraires les progrès que nous avons fait faire aux sciences, on n'hésite pas à vouer la jeunesse française à une instruction imparfaite et mauvaise !.. Et pourquoi refuse-t-on de voir que le

(1) Voir *de l'instruction publique sous Napoléon, et de l'Université*, par l'Auteur. Paris, 1814, chez Nicole, Libraire, rue de Seine, et chez Gide, rue Saint Marc.

(2) Le nombre des Facultés de Médecine paraît trop restreint. Il est des villes riches de tous les établissemens convenables, et qui sont privées de ces écoles. Il me sera permis de citer Caen où l'enseignement de la médecine contribua beaucoup à la célébrité de son Université.

principe de l'unité n'a pu produire ses effets les plus salutaires, que l'enseignement a été détourné de son but, que l'Université a manqué des secours mêmes nécessaires. Née au milieu de la guerre, ce fut aussi pour la guerre que le conquérant créa l'Université. Sans cesse gênée, dégradée, persécutée, il n'y a de bonheur pour elle que quand la tyrannie lui épargne ses vexations. L'une inspire-t-elle l'amour de la paix, l'autre vante la guerre qu'elle entoure de l'éclat de la gloire : les classes ne doivent plus être un sanctuaire pour la morale et les Lettres ; il faut qu'elles deviennent des écoles militaires, des casernes ; et la jeunesse y est entrée à peine, qu'elle brûle de s'élancer dans les combats, qui bientôt, hélas ! la consomment.

Cependant le délire des systêmes et la licence dans l'enseignement avaient fait de profondes blessures à l'instruction publique, et l'Université ne les a pas seulement fermées, elle a corrigé encore les vices des études d'autrefois (1). Qu'on se rappelle quels abus existaient dans la collation des grades. A présent on exige des élèves plus que des inscriptions : les examens, en général, sont devenus sérieux ; pour être avocat, il faut avoir étudié l'art oratoire ; nul n'est reçu médecin, s'il n'a fréquenté les colléges avant les amphithéatres. Plusieurs parties des d'études ne prospéraient qu'au désavantage des autres : on ne suivait pas la méthode qui les fortifie toutes, en les réunissant sans les confondre, et qui serait encore la meilleure, quand même les progrès, plus divisés, deviendraient moins grands dans quelques cours. Le grec, tant négligé et si utile, le grec commence à être enseigné. Le temps n'existe plus où les Français étaient, pour ainsi dire, les seuls des Européens qui n'apprissent pas les principes de la langue française.

---

(1) « Je voudrais que les écoles publiques se rendissent plus utiles » en se départant d'une ancienne coutume qui resserre l'éducation » des enfans dans une sphère extrêmement étoite, et qui en fait dans » la suite des hommes très-bornés ; car au bout de dix ans que ces » enfans ont passé au Collège, temps précieux, le plus précieux de » leur vie, qu'ont-ils appris ? que savent-ils ? » (Œuv. div. de l'Abbé Gédouin, disc. sur l'éducation, Paris, 1755.)

Enfin, l'instruction publique a enrichi son domaine des découvertes que les sciences ont faites.

Quels succès n'eût-elle pas obtenus, si elle avait eu le trône pour appui, si elle eut été relevée par un Roi successeur de François Ier, de Henri IV, de Louis XIV ? Louis XVIII s'est plu, dans des circonstances solennelles, à proclamer les services du Corps enseignant, à reconnaître que par lui la France est rentrée dans l'empire des Lettres, et y a resaisi le sceptre. Après les grandes pertes que les écoles avaient essuyées, il devenait très-difficile de récomposer ce Corps ; et déjà l'Université peut le présenter à ses détracteurs et aux amis des bonnes Lettres : même elle a dû s'affliger de ses richesses, lorsque les colonies de professeurs qu'elle avait été contrainte de fournir au conquérant, sont rentrées dans son sein. Tous ont été frappés par la tyrannie, mais elle n'a pu abattre leur zèle. De jeunes maîtres ont été associés aux anciens : ceux-ci dirigent les premiers, qui se forment à leur exemple, aspirent à leur science, parviennent quelquefois par des talens à l'emporter sur une longue pratique : luttes généreuses dans lesquelles les vaincus s'écrient avec le vieux Aletès :

> Di patrii, quorum semper sub numine Troja est,
> Non tamen omninò Teucros delere paratis,
> Quùm tales animos juvenum et tam certa tulistis
> Pectora.

« Le gouvernement impérial, disais-je en 1814, a peur » des principes généreux des professeurs. Ils ne se sont point » écartés de cette sagesse pratique qui les honore et qui le » désespère ». La fatale défection qui l'a ramené momentanément, a montré de nouveau la fidélité de l'Université. L'histoire dira, de cette époque de faiblesse et de crime, ce qu'elle rapporte d'un autre siècle non moins malheureux. Lorsque, sous le Roi Jean, les factieux arborèrent des signes de fédération, tous les membres de l'Université refusèrent de prendre aucune de ces marques, Des exceptions nombreuses, hélas! affligent une corporation qui s'est exposée aux fureurs de l'usurpateur et de ses satellites ; mais ils se sont trahis enfin ces hommes indignes de rester les instituteurs de la jeunesse ; ces apôtres de révolution ont eux-mêmes apprêté une satisfaction prochaine aux familles alarmées encore de leurs principes : fallut-il les taiter ainsi qu'on en usa envers ce musicien dont parle *Plutarque* : on le payait simple pour jouer de son instrument, et double pour se taire.

Tel est donc le sort du Corps enseignant, que, lorsqu'il espère recouvrer son indépendance et sa splendeur, il est durement proscrit ! Jamais l'instruction publique n'avait occupé les esprits autant que dans notre siècle, et jamais les droits du Corps enseignant n'avaient été aussi méconnus. On n'a eu égard ni à son esprit, il gênait, ni à ses prérogatives, elles portaient ombrage : ses intérêts ont toujours été sacrifiés : il est devenu sujet à l'amende, à l'emprisonnement; et, pour statut de discipline, on lui a imposé un code pénal ; car le décret du 15 Novembre 1811 est-il autre chose ? Ce qui est juste pour les intérêts des citoyens, l'est, à plus forte raison, quand l'état et l'honneur des personnes sont compromis. Un accusé se justifie : s'il est puni, du moins il connaît les motifs de sa condamnation. Et un membre de l'université pouvait être suspendu, déplacé, destitué, alors qu'il ignorait les griefs qu'on lui reprochait ! Si l'on évitait les réclamations de l'intérêt et les subterfuges de l'amour-propre, l'on s'exposait à punir des fautes légères comme des délits, à opprimer l'innocence. Un instituteur ne veut pas être traité comme un commis ; et ce mode était en outre funeste à l'institution même. Le professeur n'est point revêtu de ces charges qui commandent la soumission, en inspirant de la crainte : ses fonctions sont toutes paternelles, et l'estime publique est l'objet de son ambition : quels efforts longs et pénibles ne lui faut-il pas faire pour la conquérir, s'il est arraché d'une chaire pour être jetté dans une autre, à une grande distance ? Présumait-on tout supérieur incapable de commettre des vexations, de recourir à la calomnie ? Et les renseignemens fournis à l'administration suprême, les supposait-on exempts de partialité et de prévention ? La prévention ! cruelle ennemie de la société ! Un jour je décrirai les maux dont tu l'affliges.

Il existe un ordre dans nos affections qui, s'il n'est pas respecté pour l'intérêt des individus, veut l'être pour la morale publique. Lorsque les Français, possédés de la manie des places, ou poussés par le sceptre du despotisme, devenaient, pour ainsi dire, Nomades, les routes furent couvertes aussi de professeurs ambulans. Mais Louis XVIII rend à chacun sa patrie, et les membres de l'Université doivent espérer qu'ils ne seront plus transplantés des écoles de Strasbourg dans celles de Caen, et de Pau à Douai. Il n'est pas bien qu'ils ne voyent autour d'eux que quelques confrères; et certes, la jeunesse gagnerait à ce qu'ils donnassent leurs soins aux fils de leurs concitoyens. D'un autre côté, le pouvoir de déplacer les professeurs est une conséquence de l'unité : par là, l'esprit de localité se perd, l'émulation s'anime, le talent acquiert plus de moyens de se développer, la subordination se maintient mieux, et la routine se détruit; telle était enfin la pratique des anciennes congrégations.

Parmi les vices du régime de l'Université, le plus notable était la grande supériorité donnée sur l'*enseignement* à ce qu'on appelait l'*administration* : un mur d'airain avait été comme élevé entre ces deux parties : prérogatives, richesses, faveurs, l'administration s'appliquait tout : pourtant elle ne subsistait que par l'enseignement et pour l'enseignement. Si telle est la tyrannie, suivant *Tacite*, qu'on est réduit à lui savoir gré du mal dont elle s'abstient, remercions le dernier gouvernement d'avoir éloigné du conseil de l'Université la tourbe impure et avide qui, se partageant déjà les emplois, mendiait, par de plus lâches éloges, jusqu'à des dignités : nous lui devons en outre de la reconnaissance pour avoir choisi des hommes dont les noms sont chers aux Lettres et aux Sciences. Mais d'anciens professeurs se présentaient avec tous les droits à la direction des écoles, et on leur a préféré des hommes qui se sont trouvés administrateurs sans connaître l'administration, et tellement étrangers à l'éducation qu'ils traitaient les professeurs, ces fils aînés de la maison, comme des serviteurs auxquels leurs maîtres ne se font connaître que par des ordres impérieux.

Des obligations particulières, pénibles, mais honorables, sont imposées à ceux qui se vouent à l'enseignement; puisqu'elles sont précieuses à la société. Il importe beaucoup de connaître bien le caractère et les mœurs du professeur, afin que les statuts, loin de contraindre l'esprit du Corps enseignant, le développent, et pour que l'administration, respectant elle-même ses droits, les défende contre tout pouvoir étranger.

Le professeur, par état, est l'interprête de la science et de la morale, par devoir, il se consacre à l'étude de l'une et à la pratique de l'autre. Contribuer à la propagation des lumières, voilà son ambition; rendre aux familles des fils formés au bien et instruits; élever à l'Etat de bons citoyens, tels sont ses vœux : il est donc patriote. Religieux, sincère, bienveillant, désintéressé (1), sur-tout indulgent; il possède ces qualités dont on a fait des vertus. Ses mœurs ont la naïveté de l'âge dont il éveille et développe l'intelligence : lorsque les années s'amoncèlent sur sa tête, le charme de ce jeune auditoire ranime son ardeur; et il conserve toujours cette bonté que donne l'étude, cette habitude d'être heureux par soi, qui se communique aux autres, cette sensibilité dont la source s'entretient par les modèles du beau. Il se plaît dans la solitude, mais il n'est pas l'ennemi de son siècle; la singularité naît de l'orgueil, et il est modeste : il adopte tous les usages qui ne répugnent pas à son état. Il vit principalement avec les Grecs et les Romains ses idées ont une étendue bien plus grande que celles des autres hommes; et consultant toujours l'expérience, il reste fixe dans ses opinions, parce qu'il ne les adopte qu'après une mûre réflexion. On ne le voit pas épris des plaisirs mondains, il sent qu'il est des jouissances plus dignes de sa raison : les caprices de la fortune lui sont connus, et il s'abstient de courtiser ceux qu'elle favorise : les dignités, il a appris qu'elles échappent, et que l'homme de Lettres leur convient rarement; et son ame fière qu'un refus offense, parce que c'est avec peine qu'elle se résigne à la demande,

(1) Feu l'Abbé *Maupas,* sans biens, employait les faibles appointemens de la chaire de V.e qu'il occupait au Collége de Bayeux, à secourir les indigens. Ceux-ci ne réclamaient pas le secours de ses prières, sans que le Régent, comme l'Archevêque de Cambray, ne leur distribuât de l'argent. Malgré la faiblesse de sa santé, il consacra une vacance entière à des leçons particulières; et le produit, d'environ 300 francs, fut remis à l'hospice de Bayeux. Que de traits semblables on pourrait opposer aux déclamations dirigées contre le corps entier de l'Université!

est ennemie de la brigue. Mais il est sensible aux distinctions qui augmentent la considération publique : même les succès que ses collègues obtiennent, il les regarde comme solidaires ; et ses triomphes les plus délicieux sont ceux de ses élèves. Respectueux envers l'autorité, pénétré qu'il est de la nécéssité de l'ordre ; fidèle à ses sermens ; la crainte ou l'ambition inspire-t-elle aux autres une résignation aveugle ? il sacrifie à la liberté. Et ce n'est pas lui que des innovations séduisent, il n'admet pas plus ces palliatifs qui calment seulement la douleur : il soumet tout à son intelligence, ce qui cesse d'être avec ce qui s'établit : aussi l'administration, dans le Corps enseignant, est-elle la plus difficile.

Si l'amour de l'étude amortit et trompe la fougue des passions, il éveille aussi de vifs desirs, des défauts, même des vices. Chez des hommes accoutumés à n'estimer que les talens, l'amour-propre enflle ceux qu'on possède, en fait supposer : il arrive que le mérite des uns blesse la vue des autres, et des prétentions semblables doivent susciter des rivalités : ajoutez la différence des caractères et la contrariété des opinions. Leur premier devoir est la fermeté : l'habitude du commandement se conserve la plus, et une portion en est dévolue à chacun, mais leur pouvoir sur leurs élèves est celui d'un père ; telle veut être aussi l'autorité des supérieurs ; car la fierté en ceux-ci serait un vice, la partialité un crime ; comment qualifier la violence ? Jamais l'obéissance ne coûte au professeur ; mais l'oppression, si pénible pour tous, devient un tourment pour cet homme de paix qui l'irrite encore en s'interdisant la plainte : le mal est en entier dans son cœur : aucune réparation, quelque éclatante qu'elle puisse être, ne guérit toutes ses plaies ; heureux quand la douleur, après avoir usé son courage, lui laisse l'insensibilité et non pas les engoisses du desespoir. Pourtant il acquiert tous les droits au bonheur ! Dirai-je encore que l'injustice, altérant son humeur, affaiblit son zèle et se fait des victimes jusques des élèves ? Ah ! des jours si précieux ont-ils pu jamais être ainsi empoisonnés ! De jeunes talens, peut-être, qui eussent brillé dans l'enseignement, se sont éteints méconnus ou persécutés.

L'ADMINISTRATION.

La méthode, dit *Locke*, est l'âme des études ; qu'elle serve aussi à l'organisation de l'instruction publique. On l'y introduira si l'on étudie l'esprit de l'institution, son but et les moyens qu'elle possède ; si l'on considère ce qu'elle rejette autant que ce qu'elle veut ; si ses rapports avec les autres parties du Gouvernement sont déterminés avec précision et avec justice, afin que ses efforts ne soient pas ralentis, ses besoins sacrifiés et ses droits méconnus.

Cette organisation comprend deux parties distinctes : 1.° des statuts qui établissent l'institution dans l'Etat, déterminent l'action de la puissance exécutive sur elle, et qui fixent les bases de l'administration générale. 2.° Une administration générale qui dirige les études, régle la discipline et arrête la comptabilité. Cette administration se divise en deux parties dont l'une est le régime proprement dit ou la direction, et l'autre est une surveillance particulière et purement locale.

L'instruction publique se retrouve placée dans une de ces circonstances dont elle profita pour remédier, par de sages réformes, aux abus anciens et aux maux récens qui l'affligeaient. L'agitation que les esprits avaient reçue des Croisades et des invasions des Anglais, relâchèrent la discipline ; plus tard, les troubles de la Ligue ajoutèrent aux désordres déjà invétérés des désordres pires encore : pour nous, nous avons éprouvé des malheurs bien autrement funestes que ceux des guerres de religion ; et des conquêtes dans des climats lointains d'où la France a ramené sur elle les armées de l'Europe confédérée, ont affligé nos jours. La première restauration fut l'ouvrage du cardinal d'Estouteville et de commissaires que Charles VII tira du Clergé et du Parlement. L'autorité royale et celle du Parlement concoururent à composer les statuts que l'Université reçut de Henri IV. Succédant à des assemblées dites *nationales*, et dont le zèle pour les Lettres était égal à son amour du bien public, Buonaparte se servit du vœu des Etats généraux de 1789 et de la Constitution de 1791, pour faire rendre, le 10 mai 1806, au Corps-Législatif, une loi portant formation d'une Université impériale.

Le

le 17 mars 1808, le Conseil d'Etat entendu, il décréta son organisation générale : dans la session de 1811, il fit accepter au Corps-Législatif un projet de loi organique du Corps enseignant. Le régime nouveau qui doit remplacer cette œuvre du dépostime et de la faiblesse, émanera des trois parties de la puissance législative.

Anéantir ou créer tout-à-coup, c'est empirer le mal et corrompre le bien ; il est utile de conserver tout ce qu'il n'est pas nécessaire de détruire : telles sont les premières règles du législateur, et celles qu'on a oubliées, depuis vingt-cinq ans, passés, à créer à abattre, à reconstruire pour ruiner encore. Des abus sont faciles à corriger, une régénération, au contraire, demande le secours du temps. Nous avons déjà assez de lois, escortées d'autres lois auxiliaires, qui, à force d'interpréter, donnent aux législations un caractère d'arbitraire. L'Assemblée constituante était composée d'hommes éclairés, l'élite de la Nation; et cette Assemblée supprima les Académies et les Universités, et elle se sépara sans rien mettre à leur place. Les traits principaux de nos Gouvernemens de révolution furent de tout détruire à l'aide de déclamations virulentes et injustes, et d'employer, pour réédifier, cette métaphysique qui se retranche dans des spéculations et ne voit que des théories. La plupart de ceux qui dissertèrent à la tribune sur l'instruction publique, commentèrent l'*Emile*, *Filangieri*, *Montesquieu* ou *Smith*; aucun n'avait médité le traité des études de *Rollin*.

Nous vivons à une époque où les ruses de la faiblesse et les coups de la violence sont également connus. L'ordre est le premier besoin de l'instruction publique, et elle en possède tous les élémens. Il lui faut une hiérarchie dans les pouvoirs tellement forte, que le commandement obtienne de tous une obéissance facile, et tellement sage, que tous soient à l'abri de l'arbitraire, même de l'erreur. Déjà l'instruction possède l'Université dont les parties veulent être simplifiées et mieux fixées : si les résistances étaient déterminées, les frottemens adoucis, si un moteur unique imprimait à tout l'ensemble une action bien réglée, sa force dépasserait tous les calculs. La discipline est loin de rassurer l'innocence et la faiblesse ; et les récompenses acquises par des talens et des services, peuvent être emportées par la faveur ; mais il est des formes et des institutions protectrices que le Gouvernement lui-même nous offre, dont nous jouissons, applicables presque entièrement à l'Université: tout est dans la Charte constitutionnelle, ce Palladium de la vraie liberté, et le plus grand bienfait qu'une nation pouvait recevoir d'un bon Roi. L'antiquité nous représente ses législateurs les plus célèbres, comme ayant des entretiens avec les Dieux, ou entreprenant de longs voyages pour étudier le cœur humain. Autre Numa, Louis XVIII a été inspiré par son génie seul : il a parcouru l'Europe, et Lycurgue n'avait visité que quelques Etats ; et si l'infortune apprend à bien connaître les hommes, ciel ! qui jamais fut plus infortuné !

Qu'il serait beau de voir les formes constitutionnelles devenir celles de toutes les parties de l'administration du Royaume ! Les Romains apprenaient, avec un soin extrême, à leurs enfans, la science de la guerre ; montrons à la jeunesse française, par l'organisation même de ses écoles, la force et la sagesse de ces principes tutélaires de la société et de la civilisation, qui nous réconcilient avec l'Europe. Cette concordance serait-elle systématique ? Tout en elle paraît simple, légitime et salutaire.

L'Université, ce Corps auguste dont Louis X disait, en lui accordant quelques priviléges : *La foi lui doit sa conservation, la société la politesse de ses mœurs, le monde entier ses lumières et ses connaissances* : l'Université possède un droit public, fondé par les bienfaits de nos Rois, consacré par la reconnaissance de la nation, qui date de l'origine même des écoles françaises, et dont les titres sont consignés, avec honneur, dans toutes nos annales. En effet, elle s'en est servie constamment pour la défense du Trône et pour la prospérité de l'instruction. Des priviléges excessifs inspirèrent des prétentions encore plus outrées ; mais que l'on cite parmi ces institutions que virent naître les siécles d'ignorance, ou que produisirent les temps de discordes, dont l'histoire nous déroule par-tout des récits sanglans, que l'on cite une corporation, je ne dis pas aussi utile, mais aussi ferme dans sa conduite, aussi modérée dans l'exercice d'une grande autorité.

Tous les droits publics dont la Charte Royale assure à chaque français l'entière jouissance, reçoivent, pour les membres du Corps enseignant, encore plus de force par le droit public ancien des Universités.

L'instruction publique a pour bases la religion et la morale, et pour objets la science et le gouvernement : elle est une : la corporation qui la répand dans la société s'appelle l'UNIVERSITÉ.

Ses membres sont tous égaux devant ses statuts : eux seuls remplissent tous ses emplois : ils y sont admissibles en raison de leurs talens, de leurs services et de leur conduite.

Les juges naturels, les jurés, sont les conseillers d'Académie et de l'Université (1) : ils connaissaient des infractions aux statuts, et de tous les délits publics qui n'emportent pas une peine afflictive et infamante. Dans ce cas même, le Magistrat qui ordonne l'arrestation d'un membre de l'Université, est tenu d'en informer sur-le-champ le Recteur de l'Académie (2) : si ce délit n'est pas un attentat à la sûreté de l'Etat, le prévenu est remis en liberté, en donnant caution (3). Les tribunaux et les Cours royales jugent les procès civils intentés aux membres de l'Université (4). Un jugement de saisie n'est obtenu contre un membre, et mis à exécution par le créancier, que dans le cas où le Recteur, informé par le Procureur du Roi, refuse d'y intervenir, etc. Les peines que les conseils d'Académie infligent, sont celles du statut de discipline : jamais elles ne consistent en des amendes ou dans l'emprisonnement. Tout ordre de mutation, tout acte de discipline est motivé.

La Religion catholique, apostolique et romaine, est la Religion de chaque membre de l'Université : néanmoins la

---

(1) Philippe-Auguste et ses successeurs, à l'exemple des Papes, exemptèrent les membres de l'Université, réputés tous clercs, de la juridiction laïque ; et ils leur accordèrent le droit de *committimus*.

(2) « En cas de délit criminel, l'Université, après examen préa-
„ lable, envoie le coupable, avec son jugement, à la cour de justice,
„ pour y être jugé selon les lois. — Les Universités partagent, avec
„ les Colléges, le droit d'information aux tribunaux d'instance,
(Oukase sur l'instruct. publique, art. 28. 29.)

(3) *Idoneâ cautione præstitâ, cessantibus carcerariorum exactionibus dimittatur*. (Reform. Univ. Paris. Gregorii).

(4) Le Procureur-syndic assistait au tribunal de l'Université de Paris, comme partie publique.

profession d'une autre Religion ne rend pas inadmissible dans les facultés.

Quel que soit le mode adopté pour le recrutement des armées, il est des exceptions en faveur des écoliers des facultés et des hautes classes des Colléges. L'élève de l'école normale et le Professeur sont libérés de droit.

L'Université est gouvernée, sous l'autorité immédiate du Roi, par un CHANCELIER qui préside à l'*administration entière* et à la *surveillance générale* et *locale* des écoles. Il nomme à toutes les chaires, ou institue les sujets qui les obtiendraient par des concours. Le Chancelier propose au Conseil de l'Université les réglemens. Il peut s'opposer à l'exécution d'un arrêté de ce Conseil, en en référant au Roi dans le mois : il promulgue les actes du Conseil, etc. (*Loi du* 17 *Mars* 1808, *Ordonn. du* 17 *Février* 1815. *Stat. des Univers. d'Oxford* et *de Cambridge. Ouk. de l'Emp. Alexandre*, *du* 24 *Janvier* 1803).

« L'institution est la première dette du Souverain envers ses sujets : le trône est l'appui immédiat qu'elle réclame ». Si ces principes sont incontestables, on ne comprend pas pourquoi l'instruction composerait une partie du département de l'intérieur, comme les Ponts et Chaussées, etc.; pourquoi il lui faudrait obtenir d'abord la protection d'un Ministre pour invoquer l'autorité du Roi. Il n'y a pas de parité entre l'administration générale de l'Université et la Direction des cultes, *pour le temporel.* La Justice et la Police ont des ministères distincts : on demande si l'institution qui répand dans l'Etat, avec les sciences, les principes des mœurs et de la soumission aux lois, ne doit pas jouir de l'indépendance comme l'administration qui juge les procès et punit les délits, comme celle qui a charge de la recherche du crime pour maintenir la sûreté publique. On se rappelle des prérogatives dont jouissaient les chefs des anciennes Universités. Le recteur de Paris représentait le Roi; il ne pouvait être atteint de l'excommunication, alors même qu'elle frappait l'autorité royale : il avait son entrée dans les conseils; il exerçait une juridiction spéciale, etc. Ces priviléges sont excessifs, mais ils prouvent le respect de nos ancêtres pour la science, et l'on n'a plus à craindre que l'orgueil rectoral engage des batailles. Les Rois de France aimèrent toujours à s'entretenir avec les instituteurs de la jeunesse ; toujours ils prirent plaisir à faire luire sur de si nobles fonctions un des rayons de leur puissance.

Le CONSEIL ROYAL de l'Université discute, approuve ou rejette les projets de réglemens sur l'enseignement et sur la discipline des écoles. Le Chancelier ne peut refuser de présenter au Conseil une proposition que trois Conseillers ont appuyée. Le Conseil règle défitivement la comptabilité des Académies : ses comités se réunissent, aussi, pour entendre les pétitions ou réclamations adressées par des membres de l'Université, contre les mesures de discipline prises, à leur égard, par les conseils académiques, et pour statuer sur les réclamations des conseils d'arrondissement et de département, contre la fixation des dépenses de leurs écoles. Les Sous-Préfets par les Préfets, et ceux-ci par le Ministre de l'intérieur, ont droit d'appel au Roi. Aucun arrêté ne peut être revisé par le Conseil d'Etat, sans un ordre du Roi, et si une commission du Conseil de l'Université n'a été préalablement entendue (1). Les réglemens d'un intérêt général sont faits pendant les vacances.

Chaque année, le chancelier choisit la moitié des membres du Conseil pour visiter les Académies. Ces Conseillers-visiteurs inspectent les écoles sous tous les rapports des études, de la discipline et de la comptabilité. Ils composent un état raisonné de toutes les décisions d'un intérêt particulier prises par les Conseils académiques dans le cours de l'année, etc. Tous sont rentrés au chef lieu de l'Université le premier Août.

Toutes les parties de l'administration des écoles d'une Académie sont de la compétence du RECTEUR (2) : il porte au Conseil de l'Académie les affaires de son ressort, signe et expédie ses arrêtés : il a toute la correspondance.

Il y a dans chaque Académie deux INSPECTEURS qui suppléent, suivant l'ordre d'ancienneté, le Recteur. Ils sont chargés par lui d'inspecter avec soin les écoles de

---

(1) L'appel était porté au Parlement. En Russie, il appartient exclusivement au Sénat dirigeant.

(2) *Ut unum fiat ovale et* PASTOR, dit le Card. Simon, Lég. de Grégoire X, réf. de 1275.

l'Académie, chaque année, et au plus tard dans le mois d'Avril pour finir en Mai.

Chaque Académie a un Conseil qui connaît de l'état des études, de la discipline, et arrête la comptabilité des écoles : il prononce sur les accusations intentées par le Recteur, et après avoir entendu le prévenu par lui ou par telle défenseur qu'il aura choisi. Le conseil statue sur les observations des Maires appuyées par les Sous-Préfets et par les Préfets, au sujet des dépenses des colléges. Ses décisions ne sont sujettes à la cassation que sur l'appel interjetté par les parties devant le Conseil royal, ou lorsque le Recteur en poursuit d'office la révision. Le Conseil propose au Chancelier les réglemens particuliers qu'il croit nécessaires à l'Académie. La voix du Recteur est prépondérante : il ne peut présider le Conseil. Celui-ci élit, par le scrutin, son président et son secrétaire pour trois mois : ils sont rééligibles.

Suivant ces vues, il semble que *l'administration générale* cesse d'être compliquée. Le pouvoir d'exécution possède, pour l'accomplissement de ses ordres, les Recteurs, les Doyens, les Proviseurs, les Principaux ; et les résultats lui sont transmis par les mêmes agens médiats ou immédiats. Libre dans son action, il est surveillé, dans tous les degrés de sa hiérarchie, par des conseils dont les membres, soumis individuellement à ce pouvoir, sont indépendans collectivement. Ces conseils composent comme deux juridictions. A la distance où est le premier, il apperçoit des masses, et ce sont aussi des masses qu'on lui présente. Tous les détails appartiennent au second : en un mot, la compétence académique comprend tout ce qui entrave la direction universitaire. Ainsi les Académies, ainsi l'Université, jouissent d'une véritable représentation, constituée, plutôt pour conserver et améliorer, que pour créer : forte, elle prémunit l'autorité contre l'erreur, et protége les droits de tout le corps : en outre, le Chancelier, comme Ministre, est responsable. Quelles garanties pour l'Université, pour la Nation, pour le Souverain !

Mais les principes du pouvoir représentatif que la Charte constitutionelle consacre, peuvent-ils être appliqués à la Charte de l'Université ? Le mode d'élection, admis pour le

Royaume, est-il conciliable avec l'esprit et la composition du Corps enseignant ?

L'Université forme une espèce de république : ce caractère résulte également de sa nature et de son droit public. Car quel est son but ? de propager les sciences ; l'esprit qui anime dans leur étude, se conserve nécessairement en les enseignant. Et les anciens statuts, l'histoire, les lois mêmes qui ont voulu changer son régime, nous la présentent, comme une corporation libre, jamais plus utile et plus florissante que lorsqu'elle se gouverne elle-même.

De toutes les républiques, celle des Lettres est la plus sacrée, c'est aussi la seule durable, mais non la moins orageuse. Pour elle, il n'y a d'autorité que celle du talent : point de chefs, point de sujets : sa première loi est de n'en avoir aucune ; ou plutôt sa législation se compose des règles de la raison et des principes du beau. Elle approuve des associations particulières; c'est pour les opposer à l'anarchie que l'ignorance et le mauvais goût conspirent sans cesse d'établir. La politique élève autour des dignités, des obstacles de fortune et de naissance, la république des Lettres n'en comporte pas dans son sein, et une Université les rejette également. Mais celle-ci se trouve sous l'influence des circonstances, et la république des Lettres reste indépendante des temps ; elle est, pour ainsi dire, cosmopolite, et l'autre existe dans un Etat, subsiste par lui et pour lui.

En effet, cet Etat, afin de s'acquitter envers ses sujets de l'instruction qu'il leur doit, crée une Université. L'organisation de ce corps veut être une pour rester forte et grande, mais cette unité n'est pas la concentration des pouvoirs. Tous les membres de l'Université commandent alors qu'ils obéissent, et ils acquièrent de plus en plus, par leurs services, des droits et des prérogatives : d'ailleurs, l'institution, naturellement ennemie du despotisme et de l'arbitraire, ne comporte pas tous ces corps intermédiaires qui, dans le régime purement monarchique, adoucissent les ordres du chef. D'un autre côté, il y a différence de moyens, différence d'emplois et de services : il faut une autorité qui les éclaire dans toutes les directions ; et l'autorité suppose l'obéissance, du moins le pouvoir de l'obtenir. Et que seraient des membres dispersés et qui n'auroient que leur faiblesse à opposer aux autres administrations de l'Etat ? L'Université de France concilie ces deux régimes : elle possède véritablement tous les élémens des Gouvernemens mixtes.

. Emanée de la puissance royale, cette institution ne doit-elle pas être sous sa surveillance ? Elle l'invoque elle-même. Mais quelle autorité le Souverain chargera-t-il de porter cette surveillance dans l'ensemble et dans les parties ? Il faut distinguer. Cette surveillance a pour objet les rapports directs et généraux de l'instruction publique avec l'intérêt de l'Etat, et elle appartient à une direction suprême composée de quelques dignitaires du Royaume et de l'administration supérieure de l'Université ; ou elle s'occupe de l'état des écoles locale, et elle veut le concours des premières autorités des lieux et des administrateurs d'Académie ; ou il s'agit de l'administration, proprement dite, du régime de l'enseignement, de la discipline, etc. (c'est de cette surveillance dont il est question ici), et l'Université paraît seule compétente. Autrement tous ses priviléges sont détruits, on affaiblit la corporation, on la flétrit, en outre, par une dépendance inouie. Il y aurait beaucoup à craindre, et peu de secours à espérer d'administrateurs étrangers à l'enseignement, soit parce qu'ils seraient animés de passions différentes, et qu'ils voudraient introduire des formes qui répugneraient à l'institution, soit parce qu'il leur est impossible de bien connaître toutes les modifications du service. Et pourquoi les Professeurs ne seraient-ils pas chargés de l'administration de l'instruction ? Eux qui règlent la raison des autres, ils ne mériteraient pas de se gouverner entr'eux ? Dans leurs élèves, ils se prépareraient des directeurs ?

Du droit acquis au Corps enseignant de remplir ses places administratives, découle celui de choisir lui-même, ou mieux de présenter au Souverain les Professeurs qu'il en juge les plus dignes, et qui jouissent de sa confiance entière. Si le Roi seul désignait et nommait, l'éloignement et la modestie des membres qui, souvent, auraient le plus de droits, nuiraient à son desir de récompenser le vrai mérite. Il est dangereux, sur-tout dans l'enseignement, de laisser à l'intriguedese spérances, des soupçons à l'amour-propre trompé, ou des armes à la haine ; c'et ce qui arriverait lors même que le Chancelier proposerait seulement des candidats.

L'honneur

Enfin, pour le professeur, l'honneur d'être désigné par ses Pairs, par les juges nés de ses talens, même de ses services, par ses confrères, n'est surpassé que par la gloire de voir le Roi confirmer ce choix.

Ce droit d'élire semble inhérent à l'institution. L'origine s'en perd dans celle de l'Université, les siècles, les statuts l'ont affermi, et la plupart des réformes qu'il a subies, ont eu pour unique but de le rendre plus fort encore (1): nos Rois, s'ils l'ont restreint quelquefois, n'en ont pas moins respecté les principes; enfin il a existé jusqu'à la chûte des Universités. Le Gouvernement impérial se garda bien d'offrir la moindre trace de cette éligibilité. Mais sous l'autorité légitime, l'Université ne peut être privée plus long-temps du régime qui est précisément celui de la Charte même, et que le Corps enseignant présentait à la France, à l'Europe, depuis SIX SIÈCLES.

Je proposerais que chaque Académie élût un député au Conseil royal de l'Université. Egales entr'elles, les Académies doivent jouir des mêmes droits: si la Capitale, parce qu'elle offre le plus de talens, fournissait les Conseillers ou avait plus de députés que les autres, celles-ci seraient des agrégés de Paris. Le Chancelier trouve dans chaque député un véritable Conseiller qui lui aide à connaître le personnel de

(1) Le Cardinal Simon, Légat de Clément IV, dit dans sa réforme de 1266: *Eligetur Rector secundùm tenorem statuti: quod nullus potest eligere qui non potest eligi.* Le Conseil, *Consilium deputatorium*, qui répond à notre Conseil académique, était ainsi appelé, dit l'Histoire: *quia ex electis seu deputatis trium Facultatum et quatuor Nationum componitur; cui Rector tanquam reipublicæ præfectus et dictator præest.* Ainsi le Cardinal Tutaville, lorsqu'il créa, en 1452, quatre censeurs ou inspecteurs des études, ordonne qu'ils fussent élus par la Faculté des Arts, assemblée par ordre du Recteur. Duboulay définit ainsi l'administration de l'Université, qu'il nomme *Aristodemocratica: « cùm pendeat partim ab ipsis civibus, seu membris et suppositis reipublicæ hujus litterariæ, in comitiis publicis suffragia ferentibus, partim à delegatis, seu deputatis ejusdem conciliariis, cujusmodi sunt Rector, Decani et Procuratores,* (Dissertatio III. Tom. III). Belleforest (Cosmograph. Munst.) rapporte sur le mode d'élire les Recteurs, que les électeurs après avoir juré solennellement de ne consulter ni la faveur, ni la haine, se retiraient dans un lieu secret, et dans lequel il ne leur était pas permis de manger; et l'élection devait se faire pendant la durée d'une chandelle d'un poids déterminé.

son Académie : le Conseil juge mieux des localités : chaque administration académique est assurée d'une protection directe, de l'expédition plus prompte de ses affaires : les professeurs acquièrent une nouvelle garantie contre l'erreur ; enfin des fonctionnaires élus et qui sont rééligibles indéfiniment, en même temps qu'ils répandent par-tout l'esprit de l'administration supérieure, maintiennent leur autorité dans ses justes bornes.

Voici les qualités pour être éligibles :

Conseiller d'Académie. . .	30 âge .	10 années de service.
Inspecteur	35 . . .	12
Recteur	40 . . .	12
Conseiller de l'Université	40 . . .	15

Seraient Electeurs : 1.° les Professeurs et Doyens des Facultés ; 2.° les Proviseurs, Censeurs et Professeurs des Colléges Royaux, et des Colléges établis dans les chefs-lieux d'Académie ; 3.° les Proviseurs, Censeurs et les trois premiers Professeurs des Colléges Royaux, les Principaux des Colléges du ressort.

On sent pourquoi tous les Colléges devraient avoir des Electeurs dans l'élection qui composerait l'administration de leur Académie : il résulterait de cette réunion d'autres avantages. Le Conseil présidé, dans ce cas, par le Recteur, recueillerait, avant l'élection, des renseignemens directs sur les écoles, apprécierait le mérite des Principaux qui, à leur tour, apprendraient à connaître, par ces conférences synodiques, et les chefs avec lesquels ils correspondent et tous leurs collègues.

Il est une foule de détails que j'omets. — Un quart des candidats pourrait être pris hors de l'Académie. — Huit membres pour le Conseil académique, et quatre suppléans. Deux candidats pour chaque place. La nomination au Chancelier. — Trois candidats par place d'Inspecteur, également à la nomination du Chancelier. — Pour le rectorat, liste de quatre candidats, réduite à la moitié par le Chancelier. Le Roi nommerait (1). — Six candidats pour chaque place de Conseiller de l'Université, deux pour les Lettres, un

(1) Autrefois le Recteur, appelé *Capital parisiensium scholarum*, était pris dans la seule Faculté des Arts. *Rector Artistarum, ab Alexandro IV vocatur.*

pour les Sciences, etc. Les candidats seraient pris parmi les éligibles, indifféremment, en place des facultés qui manqueraient. Le Chancelier désignerait un suppléant qui resterait dans l'Académie, réduirait de moitié la liste, et le Roi nommerait. — Le Conseil de l'Université proposerait cinq candidats pris dans son sein ou parmi les Recteurs, et le Roi choisirait le Chancelier.

L'importance des fonctions, les droits des éligibles, la nécessité de prévenir la négligence ou la dureté qu'inspire la continuité du pouvoir, l'esprit d'une institution élective et peu compliquée, veulent une courte durée. Tous les deux ans, les Conseils académiques seraient renouvelés par moitié, et le Conseil de l'Université par tiers. Les Recteurs et Inspecteurs resteraient aussi en fonction pendant deux ans. Tous seraient rééligibles, excepté le Recteur qui ne le deviendrait pour le rectorat que quatre ans après (1). Il y aurait incomptabilité entre la place de Conseiller de l'Université et l'exercice de toute fonction dans l'Université ou dans une autre administration; mais il pourrait être Conseiller d'Etat, Maître des Requêtes ou de l'une des deux Chambres. Des suppléans remplaceraient momentanément dans leurs chaires les Conseillers de l'Université qui seraient Professeurs; il n'en pourrait être de même pour les Proviseurs ou Principaux: etc. (2).

Les élections se feraient pendant les vacances de 1816, 1818, etc. Les cinq membres de la Commission de l'instruction publique deviendraient Conseillers à *vie* de l'Université.

Si ces *vues* pouvaient être réalisées, il se développerait bientôt, parmi les membres de l'Université, un esprit de corps, d'autant plus précieux qu'il n'existe point, qui

(1) Avant la révolution, les Recteurs étaient élus pour un an, et ils pouvaient être réélus. Ils étaient nommés pour cinq ans par le Grand-Maître. Cette durée était trop longue, la première ne le serait pas assez, vu l'étendue des ressorts académiques.

(2) On remarque que Ernesti fut nommé, en 1742, professeur extraordinaire de littérature ancienne à l'Université de Leipzig, dont il était *Recteur*, malgré l'usage qui défend de confier une chaire au chef d'un établissement d'instruction publique.

unirait les petits aux grands, et les rendrait nécessaires les uns aux autres. Toujours louable, il attache à l'institution, inspire du courage pour en défendre les intérêts, de l'amour pour les devoirs qu'elle impose, et la véritable émulation : il n'a d'influence sur le Gouvernement, que pour se lier à l'esprit public qu'il éclaire, épure en le propageant. Le Gouvernement, au contraire, régit l'institution entière : elle tient tout de lui; il n'existe aucune puissance hors l'état, qu'elle ait à lui opposer ; et son unité, qui fait sa force et son indépendance, devient, pour le Souverain, une nouvelle garantie : avantages qu'il est impossible d'attendre, soit des écoles placées sous la police d'administrations étrangères à l'enseignement, soit des congrégations particulières, dont les statuts ne seraient pas en harmonie avec les lois, et qui reconnaîtraient des chefs hors le Royaume.

Il est une autre élection qui, pour l'instruction, n'est ni moins importante, car l'Université forme un des principaux corps de l'Etat, ni moins acquise, puisqu'elle a perdu les grandes prérogatives qui la distinguaient, ni moins nécessaire depuis que les autres institutions, encore assez fortes pour lui commander, ne lui offrent plus d'appui. On comprend que je veux parler de la représentation de l'Université à la Chambre des Députés.

La propriété est ce qui donne le plus de droits aux individus, à la chose publique et à la défense de l'intérêt général. Si les talens ne sont point en raison des rôles des contributions, ceux aussi qui spéculent sur les révolutions, et les excitent, n'apportent pour mises que l'ambition et une cupidité effrénée, et ils risquent de gagner des dignités, des honneurs, de grandes richesses. « Toute extension qu'on donne aux droits de la propriété, dit *Filangièri*, est le plus grand bien que les lois puissent faire ». (T. II. ch. 12). Mais, lorsqu'il s'agit de la représentation nationale, la propriété peut-elle être l'unique qualité qui y appelle ? Peut-elle le devenir à la fin d'une révolution qui a fait passer de grands biens entre les mains d'hommes qui, il y a 25 ans, ne jouissaient pas tous, quoique majeurs, de l'universalité des droits du citoyen ? dans un siècle où l'ambition et la concussion ont fondé tant de fortunes ?

Nous avons d'autres garanties morales de la sagesse et des talens. Les fonctions publiques sont des preuves de l'éducation, des principes politiques et du mérite. Le Roi ne confie une partie de son autorité, qu'après s'être assuré de la probité et de l'aptitude du candidat. Il est trompé quelquefois : la brigue, aussi, n'exerce-t-elle aucune influence dans les élections ? Et le chef de l'Etat est certes plus intéressé à faire de bons choix, que ne l'est chaque électeur. Il existe une autre épreuve pour le fonctionnaire, c'est le public qui la fait subir, ce juge difficile et passionné, qui semble se plaire à semer par-tout des obstacles, et qui se montre si souvent ingrat envers ceux qui le servent le mieux. Cependant les propriétaires eux-mêmes réunissent ordinairement leurs votes en faveur des fonctionnaires.

Quand le dernier gouvernement, qui ne voulait employer que des hommes de la révolution, ne désignait point, par les Préfets, aux Colléges électoraux, les candidats qu'il fallait proposer, il dictait au Sénat le choix des Législateurs ; en outre, il interdisait à ceux-ci toute discussion. Mais une Chambre des députés n'est point le Corps législatif impérial. Si les fonctionnaires sont dans la dépendance des Ministres ; députés, ils acquièrent l'inviolabilité de la représentation nationale, et la publicité des débats devient à la fois une sauve-garde pour eux contre les Ministres, et une garantie de leur fermeté et de leur intégrité. D'ailleurs, pourquoi ne seraient-ils pas avec les Ministres, tant que ceux-ci resteraient avec la Charte et les intérêts du peuple ? Peut-être aussi l'opposition servirait-elle mieux les calculs de l'ambition. Des fonctionnaires députés ont des emplois, de simples propriétaires n'en sont pas revêtus : est-il certain qu'aucun ne cherche à en obtenir ?

D'ailleurs, les corporations se rendent comme caution de la modération et de la sagesse de leurs mandataires, et ils seraient presque toujours les premiers de leurs dignitaires. Peu d'hommes sont plus indépendans qu'un Professeur propriétaire de 2,000 fr. de rente.

On propose l'Angleterre comme une terre classique en politique, mais nos Communes ne s'occupent pas seulement du vote de l'impôt et de diplomatie : droit public, culte, législation, instruction publique, finances, tout est à restaurer. Il semble que, dans ce Royaume essentiellement monarchique, la représentation nationale demande, avec une forte majorité de propriétaires, des députés qui apportent le flambeau de l'expérience des corporations principales. C'est véritablement devant cette masse de lumières qu'un ministère devient circonspect; il ne voit aucune de ces chances que pourraient lui offrir des représentans qui, tombant de difficulté en difficulté, ou auraient besoin de son secours, ou finiraient par perdre leur chambre. Et le professeur, le magistrat habile traitera, souvent avec distinction, beaucoup de matières qui n'intéressent pas directement son Corps. Nos assemblées l'ont assez prouvé : un des hommes d'Etat les plus éloquens de la Chambre des Députés n'appartient-il pas à l'Université ? La direction d'une corporation est plus difficile que celle d'un ministère. Enfin la Chambre des Pairs, composée par S. M., offre la réunion d'évêques, de magistrats, d'hommes de lettres, etc.

Quoi qu'on en dise, la France possède un clergé, une magistrature, un corps enseignant. Ces corporations sont faibles, elles ne sont donc pas redoutables. Elles n'existeraient pas, qu'il serait nécessaire, avant tout, de les créer : nous les avons, il faut leur rendre de la considération et du pouvoir, et cela non pour elles-mêmes, car elles ne sont jamais plus respectables que dans le malheur et l'humiliation; mais pour le Trône, pour l'Etat, dont elles sont les fermes colonnes. Si elles ne concourent pas à leur restauration entière, cette œuvre pourrait être empêchée par ceux-mêmes qui l'entreprendraient. Lorsque les intérêts de la religion, du clergé, sont débattus : qu'il se trouve parmi les Députés des Barnave, des Chapelier ou des Camus, la Chambre ne désirerait-elle pas elle-même leur opposer un Montesquiou, un Lafare ? Que Dieu préserve la France de ces orateurs qui cherchaient les dignités, en sacrifiant à leur prétendue liberté d'opinion, la justice et le repos de la patrie. Mais une loi sur les élections se rattache à la Charte. Ce n'est pas une loi transitoire; son essence est la perpétuité : elle statue pour les siécles, elle doit statuer pour l'époque rapprochée où nos institutions redeviendront, par la force des choses, ce qu'il faut qu'elles soient pour ne nuire jamais et pour être tout-à-fait utiles à l'Etat.

Je proposerais donc que chaque Académie fût représentée par un député et un suppléant. Si le nombre des Académies, qui a besoin d'être réduit, fournissait trop de députés, on formerait deux séries qui alterneraient à chaque renouvellement de la Chambre. Tous les membres de l'Académie auraient le droit, en se rendant au chef-lieu, et pourvu que leurs fonctions n'en souffrissent pas, de concourir à l'élection. Il faudrait les mêmes qualités, pour être éligible, que celles exigées des Conseillers de l'Université. Ce Conseil n'aurait jamais plus du tiers de ses membres à la Chambre.

Mais ces *vues* pourraient-elles être prises en considération, sans qu'on se récriât contre une corporation gouvernée par un chef, ayant des élections, une représentation? Quoi, dirait-on, un esprit de corps qui ne se fortifiera que pour étendre ses prétentions et ses usurpations! Voilà une Monarchie mise dans la Monarchie nationale! ... L'Université une Monarchie! le Corps enseignant une Puissance! le Chancelier un Souverain!

D'abord, répugne-t-il, dans un Etat essentiellement monarchique, de conserver, d'employer par-tout les formes de la Monarchie? Le Trône doit-il être entièrement isolé? Un Gouvernement, composé d'élemens hétérogènes, a-t-il assez de force pour réunir toute l'autorité? Et quels efforts continuels et pénibles ne lui faut-il pas faire pour que l'exécution ne soit pas entravée? En serait-il autrement dans la politique que dans la nature où les corps, composés de parties similaires, sont les plus beaux et souvent les plus forts? Si l'Université devient une Monarchie, que sont donc les finances, l'intérieur, la guerre, tous les ministères? Et certes ces Monarchies jouissent d'une puissance bien plus étendue.

On demande s'il n'est pas bon qu'il existe un esprit de corps, si ce n'est point à sa perte qu'on doit la ruine ou l'abaissement de nos institutions, si, jamais, il peut devenir dangereux dans un gouvernement représentatif, quand deux Chambres veillent sans cesse à la défense du Trône et du peuple. Il est permis de penser, au contraire, d'après l'expérience de notre propre révolution, que cet esprit deviendrait une ressource pour le Monarque, si une chambre des députés cherchait à établir la démocratie: il ne servirait pas moins aux Chambres pour leur porter la vraie opinion publique, toujours si méconnue dans les révolutions qu'on entreprend en son nom. D'ailleurs l'esprit de l'Université ne serait redoutable qu'autant qu'il l'eût été sous nos anciennes constitutions, alors que, par sa grandeur et ses lumières, elle éclipsait tout : et nous la voyons défendre constamment la couronne contre les prétentions ultramontaines et contre les atteintes même des Parlemens. Les Universités auraient embrassé avec ardeur la révolution, cela serait aussi vrai que c'est faux, que leur réunion en une seule institution, loin d'être à craindre, paraîtrait la plus rassurante. L'unité eût été leur sauve-garde comme l'unité de doctrine est devenue l'arche sacrée du clergé, en même temps que la cause de sa gloire. Et pourtant de quelle défection n'a-t-il pas été affligé !

Mettre à la tête de l'Instruction publique un chef unique, c'est dit-on, entraver le service et donner accès à l'erreur. Le service souffre donc dans l'administration des Douanes, des Postes, etc. Félicitons notre siècle s'il redoute plus l'erreur dans l'instruction que dans la perception des impôts : Mais le nombre des maîtres reconnus par l'Etat, les professeurs ou régens, est bien inférieur à celui des employés des autres administrations. On compte autant de Cours royales que d'Académies, mais non autant de Colléges que de Tribunaux, non autant de Professeurs que de Juges. Autrefois, un seul Recteur gouvernait l'Université de Paris. *Unius tantùm Rectoris sit contenta regimine*, disait, en 1275, le cardinal Simon ; et deux siècles après, il se trouva dans une assemblée 10,000 membres de l'Université. La direction, l'importance du choix des personnes à cause de l'importance de la chose, ne demandent pas plus de sagesse, de talens, que la conduite de cet ordre religieux qui, à la fois, donnait l'instruction à presque toute la jeunesse, exerçait même les fonctions curiales dans tous les Etats de la chrétienneté, propageait la foi chez les infidèles et possédait de vastes colonies : eh bien ! un seul général, résidant à Rome, entretenait une correspondance active et directe avec 37 Provinciaux, avec 1244 supérieurs de colléges, missions, noviciats, etc. : il donnait des ordres à 18 ou 19,000 Jésuites, dont 4,000 résidaient en France.

Des

Des erreurs ont été commises! — Oh! il n'est que trop vrai. Mais le Gouvernement dirigeait lui-même l'administration supérieure, il l'assujettissait en outre aux diverses autorités de l'Etat : elles pesaient toutes sur l'Université, chacune aspirait à dominer sur elle et la punissait encore de la résistance qu'elle osait opposer. Parle-t-on du personnel? La révolution avait mis en possession des chaires, ces hommes qui n'ont conservé de leur ancien état que le goût d'instruire la jeunesse; les Puissans du temps, même quelques membres en crédit dans l'Université, aimaient à prendre les professeurs dans cette classe; le chef de l'Etat manifesta plus d'une fois la volonté d'exclure de l'enseignement le clergé fidèle; enfin les administrations, qui avaient aussi le droit de présentation, éprouvent à présent une épuration plus considérable que celle qui atteindra, peut-être, le Corps enseignant. Parle-t-on de la comptabilité? De la part du trésor, il n'y avait aucun secours à attendre; à moins que 400,000 fr. de rente ne fusseut une libéralité quand l'instruction exigeait vingt-quatre millions. Les villes, épuisées par le Gouvernement, faisaient tomber leur détresse d'abord sur leurs Colléges : si quelques-unes jouissaient de grands revenus, elles avaient des administrateurs qui, avides de rubans et de places, s'empressaient d'offrir au trésor impérial l'argent de leurs concitoyens et de leurs écoles. Il était difficile de soutenir une institution ainsi attaquée de tous les côtés, et son Grand-Maitre, la fit jouir de quelque prospérité. C'est ainsi qu'il ne faut être que juste pour apprécier les services rendus par la Commission qui a des ressources bien plus bornées, et tous les maux récens à guérir. Il ne nous manque que des juges éclairés et impartiaux pour prononcer sur ces accusations que nous voyons intenter aux institutions qui, si elles furent rétablies sous un pouvoir usurpateur, peuvent servir beaucoup le Gouvernement légitime, et qui le serviront?

On invoque l'expérience, mais on l'invoque mal. Elle devient nuisible si, en révélant des abus, elle ne fait sentir les défauts qu'on a évité, ou prévoir ceux des plans qu'on propose. Les vices qui nuisent à l'instruction sont-ils à imputer à l'Université? La somme du bien qu'elle a fait, l'emporte-t-elle sur le mal; ce n'est pas assez : est-elle de beaucoup supérieure?

Les Lettres, les bonnes doctrines propagées rendent des témoignages honorables. La prévention qui ne distingue rien, la cupidité intéressée à tout confondre, crient qu'il faut détruire entièrement le régime de l'Université : la raison qui voit en lui le bien, s'applique à en extirper les défauts pour jouir du mieux.

Il s'opère déjà comme de lui-même. Le Gouvernement appelle aux fonctions administratives et judiciaires, des hommes de bien, dont les mœurs, les sentimens, la fortune même sont indépendans de la révolution : d'autant plus zélés pour l'instruction que la plupart ont refait eux-mêmes celle qu'ils reçurent dans leurs premières années : amis de la religion, amis du trône, ils le sont par conséquent des écoles. Si à l'expérience et aux lumières du Corps enseignant on réunit la sagesse des principales autorités, combien promptement l'instruction s'améliore, corrige les mœurs, s'approche même de la perfection. Ce concert heureux a été vraiment essayé jusqu'ici, parce qu'il veut des élémens purs et qui ne soient pas disparates.

On avait éloigné avec soin l'autorité ecclésiastique, et c'est la première à employer : nous émettions ce principe dès 1814. La religion de l'Université doit être celle de la Monarchie, et la Charte dit, art. VI : « la religion catholique, apostolique et romaine est la religion de l'Etat. » Le repos du Royaume, la paix des familles, le sort de la jeunesse se réunissent pour que l'instruction soit chrétienne : uniquement scientifique, elle ne forme pas le cœur et éclaire faiblement l'esprit, elle afflige même la société de libertins et de factieux. L'éducation aussi, si elle n'est pas religieuse, reste sans force, et, n'influant plus assez sur les mœurs publiques pour les corriger, les mœurs ne manquent pas de la corrompre. D'ailleurs la puissance de la religion sur elle a de sages bornes : ce n'est point ce rigorisme qui a pour effet d'attacher avec plus d'ardeur à ce qu'il entreprend de détruire ; et il est un point dans la dépravation où il faut vivre au milieu du mal, pour prémunir la jeunesse contre ses séductions ; de même que le médecin n'apporte des remèdes salutaires à une épidémie, qu'autant qu'il en étudie les ravages sur les victimes qu'elle a frappées. L'instruction étant publique ne doit plus violenter dans les enfans la croyance religieuse des familles. La Charte, dès son art. V, statue : « Chacun professe sa religion avec une égale liberté, et obtient pour son culte la même protection ».

Ces motifs font souhaiter que trois évêques, nommés et révocables par le Roi, entrent dans le Conseil de l'Université : que l'Evêque diocésain ait voix délibérative dans les Conseils d'Académie, que le principal Curé d'une ville ayant un Collége, soit membre de son bureau de surveillance.

L'état de l'instruction publique intéresse l'autorité royale, toutes les parties de la puissance législative, qui veulent trouver en elle une forte garantie de la stabilité des institutions et des lois : il intéresse la magistrature, l'administration sous les rapports des mœurs, de la tranquillité publique et des études : il intéresse les familles à cause des vertus domestiques et des progrès de leurs enfans. Je proposerais donc la création d'une Grande-Direction, composée d'un cardinal, de trois Pairs de France, de trois Députés, de deux Conseillers-d'Etat, des premiers Présidens et Procureurs-généraux des Cours de Cassation et des Comptes, des quatre Présidens des classes de l'Institut, d'une commission du Conseil de l'Université : le Chancelier présiderait. Les époques de sa réunion seraient la Toussaint, Pâques et l'Assomption, et ses délibérations auraient pour objet l'administration générale, sur-tout la confection du tableau qu'il présenterait au Roi, à la Saint Louis; sur le perfectionnement des méthodes et les progrès des études, avec l'exposé des secours ou des améliorations qui serviraient à leur développement.

C'est ainsi qu'il serait établi, dans les villes qui possèdent un Collége, un bureau composé de l'Evêque ou du principal Curé, du premier Président et du Procureur-général, ou du Président du Tribunal civil et du Procureur du Roi, du Préfet ou Sous-Préfet, du Maire, de cinq pères de famille, dont l'un membre du Conseil de département, deux du Conseil d'arrondissement, et deux du Conseil municipal. Tous les deux mois, les élèves rassemblés dans une même salle, comparaissent devant ce bureau qui interroge, lui seul, chaque classe. Cette inspection est délicieuse pour des Magistrats éclairés ; la jeunesse, pénétrée du prix attaché à son instruction, est à-la-fois retenue par la crainte des reproches, et encouragée par le desir des éloges ; et il n'est pas de peines qui coûtent aux Professeurs, certains que les progrès de leurs élèves ont pour juges et les principales autorités, et des représentans des familles.

Mais, comme la politique, l'instruction publique ne peut-elle pas avoir des Utopies ? Ne faut-il point aussi faire une part pour l'indifférence, une pour l'orgueil et les autres passions qui naîtraient de la différence des pouvoirs ? L'autorité qui veut trop étendre ses attributions, se nuit à elle-même ; car, quelque loin qu'elle les porte, elle rencontre d'autres pouvoirs qui lui résistent. Quelles fonctions aussi sont plus faciles que de conférer avec les instituteurs de la jeunesse, et de correspondre avec un Recteur ou le Chancelier ? Mais des prétentions, ne fussent-elles que frivoles, sont funestes dans l'instruction, et il importe beaucoup de prévenir le conflit qui s'èleverait sur-tout à cette question : quelle autorité doit nommer les Professeurs ?

On se souvient encore des Jurys d'instruction si bizarrement composés : c'étaient des financiers qui examinaient des Professeurs de Belles-Lettres, des apothicaires qui, faits légistes, au risque de confondre la pharmacopée avec le digeste, instituaient des maîtres de législation. Rien de semblable n'est à craindre désormais ; mais, quoi qu'on en dise, le sort des Professeurs ne serait pas amélioré, quand ils seraient nommés par les autorités locales. L'émulation doit être bien faible chez des maîtres attachés au territoire d'une ville, professant toujours les mêmes cours, voyant les fils s'asseoir sur les bancs que les péres ont occupés, et atteints de la routine, le fléau de l'enseignement. Ce qui s'est fait, pourrait se faire encore. Les Professeurs ont tous les intérêts au succès de leurs écoles, et ce n'est pas dans ce cas que la prospérité peut endormir sur les devoirs ; mais deviennent-elles florissantes ? on leur retranche bientôt les secours qu'elles recevaient des villes : il n'y a que les soins qui augmentent : véritablement c'est être la victime de sa réputation. D'ailleurs, l'autorité administrative, bornée à un département, à un arrondissement, à une cité, quelque connaissance qu'elle eût des besoins, serait exposée à choisir des sujets faibles, et à être privée de Professeurs habiles. A cet intérêt des études se joignent des motifs puissans de politique, pour combattre les considérations qui porteraient à concéder ce choix à une autorité autre que l'Université.

Dans toutes les administrations, les chefs ou proposent pour les places inférieures, ou nomment eux-mêmes à ces places. Le Gouvernement trouve par ce mode, une garantie des mœurs, et des principes des candidats, chaque administration la preuve de leur capacité; et les employés sont stimulés par l'émulation. Que les supérieurs, dans l'Université, jouissent aussi de ce droit; justes, ils n'accordent d'avancement qu'aux services; éclairés, ils assignent à chaque espèce de talent sa place véritable; fermes, ils ne composent pas avec l'intrigue; sages, il leur répugne d'abuser par de vaines promesses; enfin, juges nés des travaux et du mérite de chacun, ils ouvrent tacitement le concours le plus constant, celui des efforts de tous pour la prospérité des études (1). Et les Professeurs, ils apperçoivent devant eux des places qui doivent les conduire à de plus élevées; et ils ont l'espoir, lorsque le zèle aura usé leurs forces, de voir s'éteindre, dans une aisance paisible et honorée par des distinctions, une vie qui a été utile et qui n'accuse pas la société d'ingratitude.

Mais aucun chef d'école ne chercherait à spéculer sur les besoins des maîtres, aucun ne serait repréhensible par sa conduite ou politique ou privée, tous réuniraient les connaissances et les talens réclamés par leurs places, qu'ils trouveraient eux-mêmes, difficilement, de bons collaborateurs. S'ils les nommaient, l'établissement le plus précieux, l'école normale, deviendrait inutile (2). Il est encore d'autres

(1) Le concours présenterait une garantie aussi sûre qu'elle est trompeuse, que les circonstances défendraient de l'employer. Mais le triomphe n'y est pas toujours la preuve de la supériorité : souvent la présomption se précipite dans l'arène quand le vrai mérite s'en tient éloigné, et il est de fiers talens qui ne veulent pas se commettre dans ces luttes hasardeuses. Pothier et JJ. Rousseau y auraient toujours été vaincus.

(2) Les régens n'ont pu être exclus des chaires des Colléges royaux par les élèves de l'école normale, que sous un Gouvernement qui, réservant les meilleurs emplois pour des privilégiés, nommait des Auditeurs Conseillers et Préfets, de préférence à d'anciens Administrateurs et à des Juges expérimentés.

considérations à fixer à l'égard des Recteurs. On sent la nécessité de multiplier les évêchés, et le ressort des Académies qui veut être étendu, comprendrait six, sept départemens, davantage encore. De nombreuses erreurs ont été commises, soit dans le choix, soit dans le déplacement des professeurs : en deviendrait-on plus exempt ? Les chefs des Académies n'y ont-ils pas participé ? Tous les effets de l'institution des Conseils académiques seraient nuls ; et l'intrigue, la prévention se trouveraient sur un théâtre mieux connu et dont les machines seraient plus aisées à disposer. Les services et les talens doivent parler plus haut que des recommandations, qui flattent l'orgueil des personnages qui les accordent, humilient toujours ceux qui y recourent, et offenseraient l'impartialité des fonctionnaires auxquels elles sont adressées, si elles n'offraient pas un calcul à l'amour-propre et à l'intérêt.

Du principe de l'unité d'enseignement, de l'unité d'administration résulte, pour le Chancelier, le droit de nommer aux chaires. On ne dit pas que son élévation interdit la plainte à l'ambition déchue, rehausse le prix des emplois et excite le zèle ; mais les besoins sont mieux sentis par un seul chef, il apperçoit la véritable place de chaque talent, et il peut davantage diriger l'instruction vers son triple but, la religion, la science et le gouvernement. L'administration de la justice a seule des intérêts non moins grands, et le Garde des Sceaux propose les candidats, il aurait la nomination, si la justice ne devait recevoir ses Ministres que de la puissance royale. L'Université possède plus de moyens encore que les tribunaux et les Cours de faire de bonnes présentations. Le bureau de surveillance, avec le Principal ou Proviseur, proposerait des candidats : le Recteur les accepterait ou leur en substituerait d'autres ; le Chancelier choisirait dans les deux listes, ou il nommerait qui lui paraîtrait avoir plus de droits. Mais lors des mutations annuelles et qui seraient terminées au premier Octobre., le Recteur s'adjoindrait le Président et le Secrétaire du Conseil académique et les Inspecteurs. Le Chancelier consulterait les Présidens et Secrétaires des comités du Conseil royal de l'Université.

DÉPENSES ET REVENUS.

Si les vues que je propose sur l'administration, en simplifient les rouages, si elles rendent plus prompte l'expédition des affaires, elles offrent en outre une grande économie; car il n'y aurait guère que 20 Conseillers de l'Université, qui feraient en même temps les inspections; le nombre des Inspecteurs d'Académie et des Recteurs subiroit une réduction dans la proportion de celle des Académies, et l'Université ne serait plus grevée des dépenses d'une foule de bureaux, etc.

Une nourriture frugale et, pour vestiaire, 100 fr. par an, ainsi furent traités, dit-on, Mallebranche, Bourdaloue, Massillon, dans les années de leur jeunesse qu'ils donnèrent à l'enseignement. Mais les congrégations religieuses promettaient à leurs maîtres de riches bénéfices, des évêchés: et l'Université, dépouillée de tous ses biens, n'offre pas aux infirmités des secours et un asile à la vieillesse. Les professeurs ne peuvent, sans se compromettre, rester étrangers à leur siècle qui, en créant des besoins nouveaux, exige, sous les peines du ridicule, que les hommes, mêmes les plus modérés, y satisfassent. Si un maître élémentaire ne reçoit pas 1200 fr., il n'est point rétribué avec justice : il est temps, enfin, qu'une place de commis des droits réunis cesse d'être plus productive qu'une chaire de rhétorique.

Fourcroi disait (*Mot. du projet de la loi du* 11 flor. *an* X) « Il aurait fallu plus de deux millions de dépenses annuelles » pour établir, aux frais du trésor public, 250 écoles secon- » daires ; et toutefois, ce nombre indispensable eût été » inférieur à celui des Colléges qui existaient en 1790, et qui » devaient presque tous leur existence à des fondations par- » ticulières. » Si le Gouvernement ne pouvoit accorder des traitemens fixes aux Colléges, il n'était pas nécessaire de soumettre aux Préfets, à la Chambre des Comptes, au Conseil d'Etat, au Ministre de l'Intérieur, au Chef de l'Etat, leurs budgets déja arrêtés avec une telle parcimonie, que quelques villes refusaient à leurs écoles le 80e de leur revenu, et qui ne sortaient de cet examen inextricable, que reduits souvent de moitié. De là ces vexations, ces réclamations, ces débats, qui, depuis plus de 5 ans, laissent les comptes de certains Colléges sans être arrêtés.

L'administration, qu'honore un désintéressement tout particulier, qui sanctionne, au nom de la loi, les mariages des citoyens et fixe l'état civil des enfans qui en proviennent, est la première intéressée à la prospérité des Colléges. Ces établissemens sont quelquefois la richesse et la célébrité des villes, et toujours leur ornement. Mais, sans examiner les titres qui les mettent en possession des locaux, si la jouissance de ces biens leur est assurée et que les dépenses d'entretien soient diminuées, si les traitemens des professeurs peuvent être augmentés sans leur être onéreux, elles n'ont à faire aucune réclamation. Or les écoles sont d'une utilité générale pour les villes, les arrondissemens, pour les départemens. Ce n'est pas dans la France que l'instruction peut être circonscrite par contrée : elle est publique, par conséquent indépendante des mutations des administrateurs, de l'arbitraire des localités. En outre, les villes dépourvues de grandes ressources, resteraient sans lettres, ou acheteraient chèrement l'éducation, de la cupidité des particuliers. Il est utile qu'il y ait une proportion dans les études : qu'on se garde bien d'arrèter leur marche, au contraire il faut l'aider dans les lieux mêmes les moins propices. L'instruction est un besoin, fournissez donc les moyens de le satisfaire ; c'est un bienfait, répandez-le universellement ; c'est un foyer de lumières, faites qu'il éclaire par-tout. Sans doute il n'est pas à souhaiter qu'elle soit à la portée de toutes les classes de la société ; à présent, sur-tout, elle leur inspirerait des prétentions à la fortune, et les laisserait dans la misère en les enlevant aux arts. Mais la jeunesse qui a des droits à la recevoir, n'est pas née seulement auprès des Colléges : on compte généralement plus du tiers des élèves qui sortent des villes, des arrondissemens, des départemens limitrophes ; car telle est encore la distribution des écoles que la plupart des départemens ne possèdent pas un Collége de plein exercice.

Huit années ont appris à l'administration à juger de l'état de chaque Collége, du progrès qu'il promet, des secours qu'il exige. Il devient facile de classer ces écoles en deux séries : cette fixation basée, non sur le nombre des Régens, mais sur celui des classes et d'après les localités, serait revue tous les deux ans ; elle servirait beaucoup à l'enseignement ; elle serait nécessaire

nécessaire pour déterminer avec justice leurs dépenses. Les traitemens deviendraient fixes et dans la proportion des chaires: chaque Professeur jouirait en outre du tiers des rétributions de sa classe. Peut-être les frais de l'instruction devraient-ils être acquittés par chaque Département, et rien ne semble plus aisé que de les comprendre dans les dépenses variables. Que si, à cause du nombre des Colléges, les arrondissemens en étaient chargés, il paraîtrait convenable que le Conseil Académique, d'après l'avis du Conseil-Royal, déterminât les secours à demander pour chaque école : le Conseil de l'arrondissement en ferait telle répartition qu'il croirait juste entre les villes et cantons. Nous avons déjà dit que les fixations arrêtées par l'Université pourraient être critiquées; mais les réclamations des administrations n'auraient d'effet que pour l'année suivante. Dans les départemens où il n'y aurait qu'un cours de rhétorique, de philosophie ou de physique, les dépenses de ces classes seraient acquittées par eux.

Doit-on, pour le professeur, fixer la retraite à 30 ans de service, comme pour le juge et l'officier? Celui-ci, s'il éprouve les dures fatigues des camps, goûte aussi beaucoup de délassemens, et son repos, dans les garnisons, deviendra heureusement fort long. Le juge n'est occupé que la moitié de la semaine; et quelle différence entre une classe et une audience! Le professeur a-t-il sacrifié à des leçons pénibles la portion la plus précieuse du jour, il lui faut en préparer de nouvelles : aucun moment pour ses plaisirs; tout, jusqu'à la récréation, est étude. Une vie si active, si pleine, ne peut s'étendre, il n'est donné qu'au fisc de s'accroître. L'éméritat serait donc bien fixé à 20 ans, et il donnerait les trois quarts du traitement. Après 10 années de service, tout professeur qui cesserait d'enseigner, recevrait une pension égale au quart de son traitement : il aurait le vingt-cinquième par chaque année en plus. Le système des retenues n'est applicable à l'Université qu'autant que ses membres jouissent d'honoraires suffisans; car pourquoi sacrifier une partie nécessaire d'un traitement, quand il est très-incertain qu'on trouve, dans un avenir lointain, la récompense des privations difficiles qu'on subit journellement?

Un repas, moins encore, fourni par des familles riches à

Buonaparte, oblige-t-il l'Etat à élever leurs enfans ? Qui ne sait que les fonctionnaires impériaux, non contens de biens, de traitemens énormes que des concussions accroissaient sans cesse (1), usurpaient aussi les *bourses* pour leurs enfans déclarés nationaux ? Si la révision de leurs titres ne procurait pas une grande économie, du moins elle donnerait à la munificence royale, des moyens de récompenser les loyaux serviteurs de la France ; les fils ou neveux des professeurs ne resteraient pas exclus des pensionnats, qui prospèrent par les talens de leurs parens.

Il est une autre espèce de bourses dont les dépenses, mais non l'utilité, sont incontestables. Les 2,150 bourses, demi-bourses ou trois quarts de bourses, dites *municipales*, qu'un Décret de 1808 fonde dans les 42 lycées d'alors, enlèvent aux communes plus d'un million. Paris paye dans 26 lycées, et 4 de ces établissemens reçoivent de Lyon 45.557 fr. Un jeune talent n'appartient pas seulement à la ville, au village qui l'a vu naître : un jour, peut-être, il illustrera son pays. Ce serait donc aux arrondissemens, mieux aux départemens, à fonder, dans les Colléges royaux, des bourses qui veulent être en petit nombre pour être utiles. Les villes auraient le droit d'en créer, en outre, dans les Colléges, et elles y nommeraient. Qu'on n'oublie pas que *Démosthène* naquit d'un forgeron, *Virgile* d'un potier, et

---

(1) Quelques mots, comme *système*, *crédit*, suffirent à un aventurier, pour enchanter la France entière ; mais, attendu que projets et profits, tout n'était qu'en spéculation, la France se ruina. Un autre aventurier, bien plus fameux que Law, a paru de nos jours. Il parle de *patrie*, *d'honneur* : termes magiques seulement pour les sots ; mais les *hommes d'Etat* travaillent, tout en les répétant, à *faire fortune*. Fournisseurs, financiers, administrateurs, etc. etc., c'est à qui remplira au plutôt ses coffres. Quel mal d'exploiter des régimens et des équipages composés de conscrits, que le canon va expédier ! et puis le gouvernement, sans stabilité, ne laisse pas le temps d'être modéré. Les événemens pressaient. Ainsi la rapacité des serviteurs a conspiré avec l'ambition du maître, pour causer la dette publique qui nécessite la levée d'impôts énormes. Ce n'était pas Buonaparte qui pouvait dire à ses agens ce que Louis XVI répétait sans cesse à ses ministres : » soyons avares dispensateurs du trésor public : il est le prix des sueurs et quelquefois des larmes du peuple ». (*Mémoires* inédits, etc.)

Gassendi dans une chaumière, que l'Université doit trouver dans les boursiers les successeurs de ses maîtres.

Procurer à l'Université des revenus qui couvrent ses dépenses, qui diminuent les frais d'étude, sans détourner aucune des ressources de l'Etat, est un problème certes bien important, puisque sa solution assurerait tous les progrès et les bienfaits de l'instruction publique.

Condorcet évaluait les dépenses du plan d'instruction qu'il proposait, à vingt-quatre millions; somme à-peu près égale à celle que l'éducation de la jeunesse coûtait autrefois. Et Mirabeau avait dit: « L'éducation publique est loin d'être trop richement dotée; mais l'emploi de ses fonds veut être dirigé sur d'autres principes ». L'Université de Caen possédait, en 1790, près de 100,000 fr. de rente, et celle de Paris jouissait de 1,450,000 fr. de revenu. Ces biens sont perdus pour l'instruction, mais ils existent dans l'Etat: la fortune publique s'est accrue des richesses du Corps enseignant. Il prétendrait, avec justice, à des indemnités; il ne revendique rien: seulement il demande les moyens d'instruire la nouvelle génération. Il ne le cède à aucun autre corps par ses services, et le plus désintéressé, il est encore celui qui coûte le moins à l'Etat.

Splendeur et pureté, force et protection, tels sont les avantages que le principe de l'unité procure à l'enseignement et à l'administration: il peut fournir encore à l'instruction son revenu le plus considérable, par les moyens mêmes qui sont nécessaires pour conserver cette unité. Les livres classiques sont l'héritage de l'Université: une prescription de plusieurs siècles, des droits plus sacrés encore, les ont rendus sa propriété: c'est un fonds qu'elle seule peut et sait mettre en pleine valeur; les fruits qui en proviennent sont pour la jeunesse; celle-ci profiterait, en outre, de la vente d'une partie de ce domaine qui est inépuisable.

Je choisis dans la liste des ouvrages indiqués pour 1815, depuis la VII.e jusqu'à la philosophie, environ la moitié des livres de littérature, et un tiers de ceux des sciences. Les catalogues des librairies classiques de Paris me prouvent que chaque élève dépense en livres, dans la Capitale, pour 215 à 230 fr.; en province pour 250 fr.: terme moyen

235 fr. pour huit années, ou 29 fr. 7 centimes par an. Tous n'achèvent pas leurs études ; mais les Dictionnaires, qui coûtent près de 40 francs, s'achètent dès les commencemens ; dans les classes, les acquisitions réparent les pertes, tout enfin promet à l'Université une grande augmentation d'élèves. Déjà le nombre de ses écoliers est d'environ 90,000. Voilà donc, dans 8 ans, 21,150,000 francs, ou par année 2,643,750 fr. On sait que les bénéfices, en librairie, sont de cent pour cent : je les réduis, pour la vente des classiques, à 50 fr., pour l'impression à 20 fr. Mais l'Université imprime elle-même ses livres, et les fournit directement à ses élèves ; et, assurée d'un grand débit, ses tirages sont plus considérables ; elle aurait des papeteries, etc. ; ses profits monteraient à 80 fr., et je les borne à 67 fr. par cent : c'est-à-dire, qu'elle recevrait de chaque élève environ 20 fr., taux ordinaire du vingtième, et qu'elle jouiroit d'un revenu de près de 1,800,000, mais que les non-valeurs, etc. réduiraient à 1,600,000, au moins à 1,500,000 fr.

Voilà un monopole, diront les partisans du *laisser passer*. Oui, mais il remplit tous les besoins, et il ne lèse personne. Les auteurs vivans, eux et leurs premiers héritiers recevraient des pensions : les libraires, si la foule des marchands de livres diminuait, la bibliographie fleurirait davantage ; il leur reste la vente et de la plupart des ouvrages à donner en prix, et de toutes les autres branches de la librairie, lesquelles, grace à Dieu, sont étendues : ils savent tous que la France est redevable de l'Imprimerie à l'Université, que nos Rois lui avaient donné une juridiction spéciale sur l'impression et le débit *de tous les livres*. Ainsi l'Université de Paris, en 1275, menaça les libraires de leur faire cesser le commerce, s'ils continuaient à vendre fort cher aux étudians les livres ou cahiers qu'ils achetaient à vil prix.

Trouvera-t-on qu'il convient peu de mettre la librairie en régie ? Mais la nécessité d'accorder des fonds à l'instruction publique, mais l'état des finances, mais l'objet, le but et l'utilité de cette vente, la rendent indispensable. Les besoins se calculent facilement, les moyens de les satisfaire sont encore plus aisés : combien est plus pénible la perception du droit universitaire ! Les professeurs et les élèves sont assurés désormais de la pureté et de la conformité des éditions ; les parens deviennent exempts, au moins pour une grande partie, d'une rétribution qui leur enlève dans huit ans environ 200 fr., et à Paris 360 fr., au profit de l'Université ; et cette institution obtient un revenu légitime, très-facile à augmenter par l'addition de quelques centimes, et qui n'a rien de l'odieux de l'impôt établi sur les ouvrages anciens par le gouvernement impérial.

Ne nous abusons point. Il faudrait acquérir les fonds des librairies classiques, établir une grande Imprimerie, etc., et les ressources de l'Université, du trésor public, ne le permettent pas. Cette impossibilité aussi n'est que momentanée. Un privilége, onéreux souvent à une administration, même à un Gouvernement, prospère, étant confié à une compagnie. Qu'une société des meilleurs Libraires et Imprimeurs de Paris en soit chargée, et ses résultats sont assurés : l'Université recouvre une propriété.

Jamais dépenses ne produisent autant de profits que les rétributions payées pour l'entretien des écoles. Ce serait une mesure nouvelle qu'il deviendrait nécessaire de la conserver ; mais elle existait alors même que les Universités jouissaient de grands biens. On désirerait qu'elle fût fixée avec plus d'uniformité, et que la perception de ces espèces *d'épices* conciliât la dignité et les intérêts des écoles.

A l'Université appartient véritablement l'impôt des patentes payées par les états et professions qui dépendent des sciences et des lettres. Elle devrait être autorisée à exiger des frais de diplôme des élèves en pharmacie, des Libraires, Imprimeurs, des arpenteurs, etc. ; on ne parle pas des journalistes. Nul, aussi, ne serait reçu commis dans une administration qu'étant muni d'un diplôme de capacité délivré par l'Université.

Si les vues précédentes ne permettent pas d'abolir entièrement le droit universitaire, elles doivent le faire réduire à ce qu'il faut qu'il soit, pour cesser d'être onéreux. L'Université émigra aussi, et il est encore de ses biens qui n'ont pas été vendus. Les donations, au profit des écoles, n'offrent pas d'abus, parce que les individus ne sont rien, et que la chose est tout ; on proposerait de les dispenser de toute espèce de droit envers le fisc pour celles qui leur seraient faites.

Encore une réflexion. Les préséances qui flattent tant l'orgueil, les décorations que convoite la vanité, ne conviendraient point à l'Université, si les unes et les autres n'étaient aussi le prix de services importans. Quelles que soient les distinctions, rubans, palmes, chausses, gratifications, etc., elles doivent parvenir jusqu'aux derniers rangs : le mérite peut se rencontrer aussi bien dans l'obscurité d'une classe élémentaire, que sur le fauteuil rectoral. L'Homond vient peu après Rollin.

DE L'ÉDUCATION DES FILLES.

L'éducation publique du sexe est-elle ce qu'il faut qu'elle soit? C'est demander si les filles sortent de leurs écoles avec l'amour du travail, des goûts simples, et avec une piété solide et éclairée; si, instruites de ce qu'exige la conduite de l'intérieur d'une maison, elles sont capables de donner elles-mêmes la première éducation? La plupart des institutrices, il est trop facile de le prouver, négligent les connaissances et les travaux propres à former de bonnes mères de famille : donc leur système d'études est mauvais donc il veut être réformé.

En effet, l'industrie des mains n'est regardée, dans les classes, que comme occupation, et la parure en est l'objet unique. Les maîtresses inspirent le goût des modes; c'est sur l'habillement des enfans que leurs soins sont gradués, et si l'intérêt fait faire quelque attention à l'humble bourgeoise, la vanité et l'ambition accordent toutes les préférences à la fille du riche propriétaire. En formant le maintien on le rend maniéré : la coquetterie compose un cours pratique.

On ne remarque pas moins de vices dans l'instruction. Les principes de lecture, généralement défectueux, font de la prononciation un jargon de précieuse. A peine l'enfant trace-t-il quelques lettres, qu'on lui enseigne la grammaire, l'arithmétique : viennent bientôt les leçons de mythologie, de géographie, d'histoire, d'histoire naturelle, d'anglais, d'italien, etc. etc. Dieu! est-ce que l'Etat a besoin de femmes savantes?... Qu'on se rassure. Les familles sont éblouies : quant aux élèves, il s'en faut de beaucoup qu'elles acquièrent tant de connaissances.

Il existe des difficultés grammaticales qu'il est nécessaire d'étudier; on n'en parle pas. Quelques notions de calcul suffisent à une demoiselle bien née. Mais la mythologie, c'est une science ; et l'on commente les *Lettres à Emilie*. On cite l'impudique Vénus de préférence à la chaste Pénélope ; la fille du Roi des Phéaciens qui lave ses robes paraît maussade, on aime mieux expliquer la toilette de Junon, et Hélène est plus connue que la veuve d'Hector, mère d'Astyanax. Les mœurs patriarcales des Israélites et l'histoire de la religion n'occupent pas ou occupent peu ; mais on apprend la vie des Lacédémoniennes, les combats des guerres puniques, ce qu'est un serrail. Il semble que nous vivions encore sous ce fameux *livreur* de batailles qui destinant les filles de qualité à ses soldats, aurait voulu bientôt en faire des Jeanne d'Arc.

Assistez-vous à une distribution de prix ? C'est alors que les maîtresses étalent tout le luxe de leurs classes : ne sentant pas qu'elles en montrent les défauts au grand jour. En vain, chercheriez-vous des fuseaux ou des éguilles au milieu des compas, des crayons ; vous voyez de beaux dessins, des chiffres élégamment tressés. Et cette jeune personne qui est entourée de livres, de rouleaux, de sphères, de planches noires, vrai phénix pour les mères émerveillées, gardez-vous de l'interroger : elle répond à tout ; ce n'est que pour le compère qui a fourni les réponses. Elle ne composerait pas une lettre, mais elle danse à ravir : ce qu'elle ne sait pas dire, elle le chante.

Tant d'objets d'études si disparates ne peuvent être connus même des maîtresses ; car il faut savoir beaucoup pour enseigner bien moins à la jeunesse. Elles s'adjoignent des sous-maîtresses, et l'incapacité de celles-ci est ce qu'il y a de moins contestable : en outre, elles ont recours à divers professeurs : enseignement bizarre qui n'est pas sans danger, au moins pour l'instruction. Ce sont des maîtres rejetés par l'Université, des prêtres mariés, des hommes qui, colportant une science qu'ils manquent de temps pour acquérir, courent du comptoir du marchand ou du bureau du commis, porter la même routine à de jeunes filles.

Sans doute, la société possède des maîtresses habiles, et assez sages pour ne pas chercher la réputation de leur pensionnats par des walses, des romans ou des dessins : il n'est pas moins équitable de reconnaître que les mœurs publiques conspirent au maintien des abus que nous relevons. Des parens parvenus à la fortune par la révolution, inspirent à leurs enfans un orgueil d'autant plus vif qu'ils n'osent pas oublier eux-mêmes l'obscurité de leur origine : des goûts de luxe, de plaisirs, d'ambition, nés dans ces temps de conquêtes, qui ne nous laissent que des malheurs et des vices, ne peuvent être amortis encore par les plus grandes calamités: par-tout, aussi, sont offerts à la jeunesse, à vil prix, des livres assez désignés par le titre de corrupteurs de l'esprit et du cœur, dont le poison n'est comparable qu'à celui de ces spectacles trop rarement insipides, qui allarment encore plus les mœurs qu'ils ne révoltent le goût.

Puisque la religion, les devoirs d'institutrice, l'intérêt et le bonheur des enfans, ne suffisent pas pour faire corriger l'éducation du sexe, il devient nécessaire que le Gouvernement la réforme lui-même. La longue prospérité dont jouirent les Colléges indique les moyens de les délivrer des abus qui leur nuisent : mais l'instruction des filles, privée de bonnes traditions parce qu'elle fut toujours sans uniformité et négligée, a besoin de remèdes d'autant plus prompts que ses effets intéressent la société entière. « Les filles, c'est *Fénélon* qui le dit, ont des devoirs à remplir, et des devoirs qui sont les fondemens de toute la vie humaine ».

Des mœurs du sexe dépendent les mœurs publiques: celles-là perdent-elles la modestie qui en fait le charme et la défense, celles-ci, rendues licencieuses, corrompent entièrement les premières. Le monde, pour ainsi dire, est divisé en deux parties qui se disputent sans cesse le pouvoir : il n'est conquis jamais plus aisément par l'un que quand l'autre croit le bien posséder. Que cette rivalité ait pour objet la vertu et l'amour des devoirs, et le triomphe ne sera pas plus honorable que la défaite ne paraîtra délicieuse. Les sexes resteront ce que la nature veut qu'ils soient: ils y gagneront tous deux.

Autrefois des Couvents, sanctuaires de l'innocence et de la piété, étaient ouverts aux filles. Combien l'enseignement de la religion devenait sublime dans la bouche de ces héroïnes qui n'étaient heureuses que par les mortifications, inspirant à tout ce qui les approchait, l'humilité, la douceur et cette charité ardente qui brave jusqu'à la mort! Mais, dès il y a long-tems, on a reconnu que l'éducation donnée

dans

dans ces maisons, ne pouvait prémunir les filles contre les dangers du monde, et les rendre tout-à-fait dignes de remplir un jour la magistrature qu'une mère exerce sur ses enfans.

Une famille est une république : mais une république gouvernée par une mère. Celle-ci ordonne tout, veille sur tout, avec une ingénieuse sollicitude : la première à découvrir l'humeur et le caractère différent de ses sujets ; la seule qui puisse d'abord corriger leurs penchans vicieux : trop souvent victime des illusions de sa tendresse, elle devine les talens, quand ils ne soupçonnent pas encore eux-mêmes leur existence. L'esprit d'observation, qui l'employe autant que l'enfance ? qui sait le diriger aussi bien qu'une mère ; car elle possède, pour ainsi dire, la morale expérimentale ? De la première éducation dépendent souvent nos progrès dans les sciences, toujours le bonheur de notre vie. Newton et Laplace, apprenant à lire ou expliquant la mécanique céleste, ont conduit leur esprit par les mêmes opérations. Une mère, ferme et sage, fut toujours la meilleure institutrice pour préserver des idées fausses, et pour inspirer l'amour du travail. Cornélie ne contribua pas moins que les Rhéteurs de Rome, à développer le géniedont les Gracques étaient doués pour l'éloquence. C'est sur-tout aux filles que profite l'instruction de leur mère ; leur union est tout l'ouvrage de la nature. Croissant, pour ainsi dire, à l'ombre de celle qui lui donna la vie, la fille appuye sur elle sa faiblesse, acquiert des forces pour lui demander de nouveaux secours : elle épouse les opinions, les habitudes de sa mère : quel danger, si elles sont vicieuses ! La bonne éducation, donnée par une mère, est un héritage que le respect et l'amour portent dans diverses familles, et transmettent à plusieurs générations. Jamais femme, pénétrée de sa dignité de mère, ne fut mauvaise épouse : Xantippe n'eut pas de fils à élever.

Il est une classe, très-nombreuse, qui se trouve placée, dans la société, entre le premier rang et le peuple : c'est d'elle que le Commerce, que la plupart des professions libérales attendent des femmes dotées d'une instruction solide, et riches de l'amour de l'ordre et du travail. Le sage Fénélon a tracé les règles dont sa conduite ne doit pas se départir ; mais il écrivait principalement pour la noblesse (1). Alors on refusait à la bourgeoisie même les connaissances élémentaires; à présent ses études trop compliquées, trop étendues, lui inspirent des prétentions au savoir et de vifs desirs de sortir de sa condition : elles favorisent l'oisiveté et font négliger l'éducation. Cependant ce n'est que dans l'union douce et intime de celle-ci avec l'instruction qu'on trouvera un remède sûr aux mœurs de ce siècle corrompu.

Que de vices, que de ridicules lui sont particuliers! et il devient instant de les extirper (2). C'est sur-tout, dans notre âge, qu'il est vrai de dire : » Trop souvent les femmes dédaignent des mains de la vertu un empire qu'elles ne veulent devoir qu'à leurs charmes ». Que d'insipides calembourgs, et des sujets non moins fastidieux remplissent les conversations, puisque la société condamne à perdre un temps précieux ; qu'on traite de la littérature sans l'avoir étudiée; qu'on disserte en jargon métaphysique des devoirs de famille, autrefois c'était sur les sentimens du cœur que le Pathos s'exerçait, et toujours on aime à parler de ce qu'on sent faiblement ; il semble que la théorie dispense de la

---

(1) N'est-il pas suranné, par exemple, de prévenir les filles contre l'industrie des avocats, des procureurs et des greffiers, pour s'enrichir bientôt en appauvrissant les parties? De dire encore : Si vous êtes renvoyé à la Grand'-Chambre, votre procès est gagné : si vous allez aux Enquêtes, il est perdu.

(2) O *Démocrite*! où es-tu? Que tu rirais, si tu paraissais parmi nous! Jamais l'ambition, l'égoïsme et la cupidité n'ont pris les traits qu'ils présentent aujourd'hui. Des fonctionnaires perdent-ils les places qu'ils exploitoient depuis 20 ans avec tant de désintéressement? L'administration ne peut plus aller : avec eux sont bannis les talens ; peu s'en faut qu'ils n'y ajoutent. la fidélité, l'honneur et la probité... Pauvre France! s'écrie-t-on dans des clubs de caillettes. C'en est donc fait de ta prospérité! En effet, ces dames, naguère couvertes de riches dépouilles, sont contraintes de reprendre les livrées de leur première condition. Et ces gens qui, n'ayant point de souvenir plus cher que celui des maux dont ils affligèrent la société, se croyent encore redoutables et veulent paraître lui vendre leur repos, ne rappellent-ils pas les Démons qui, dans Milton, se cachent dans leurs demeures ténébreuses en blasphémant contre le ciel qui les foudroye?

pratique : mais les comptoirs, les salons, sont des théâtres pour l'irréligion, on en fait des clubs. Telle qui ruine sa maison par son luxe, règle le budjet : celle-ci néglige ses enfans, parce qu'elle travaille à être *constitutionnelle* : celle-là joue l'esprit fort, et elle arrive de consulter la *Lenormand* sur sa destinée. Mœurs d'autrefois, qui donniez à la bourgeoise les principes de la simplicité et de l'urbanité, à la femme de qualité une politesse délicate qui était l'effet d'un esprit bien cultivé et du commerce de la Cour, vous qui éleviez notre nation au-dessus de toutes les autres, qu'êtes-vous devenues au milieu de la confusion des rangs, dans les débordemens du luxe ?

Beaucoup des traits de vertu qui illustrent notre révolution, appartiennent au sexe ; et s'ils ne sont pas les plus admirables, ils sont les plus touchans. Un grand nombre de femmes, livrées à l'intrigue et à ces passions que fomente toujours un gouvernement corrupteur et illégitime, ont manifesté un attachement criminel pour le destructeur de la jeunesse ; mais, dans les jours de la restauration, ce fut la grande majorité du sexe qui, l'histoire en gardera le souvenir, se montra la plus dévouée à la cause de la justice et de l'honneur. Si l'éducation des filles était réformée et confiée uniquement à des mains pures, peut-on dire quelle heureuse influence elle aurait sur l'esprit public ? « Il est certain que les femmes seules pourraient ramener l'honneur et la probité parmi nous ». Le Philosophe de Genève ajoute : « Que de grandes choses on ferait avec le desir d'être estimé des femmes, si l'on savait mettre en œuvre ce ressort ! » Espérons qu'il va être efficacement employé par cette société de Dames, dont la Surintendante, par son exemple et ses vertus, n'a pas moins contribué que son époux, M. le Duc *D'Aumont*, à doubler l'amour de la fidèle Normandie pour les Bourbons. Mais, comment louer une association bienfaisante, toute Française, qui prend pour devise Dieu et le Roi, et dont Madame est la protectrice.

Les devoirs que les filles sont destinées à remplir, sont à-peu-près les mêmes dans tous les états : ce qu'il est nécessaire d'enseigner à un sexe, n'intéresse pas même l'autre, et si l'intelligence de celui-ci a plus de pénétration, elle est aussi plus volage ; l'imagination et le sentiment se font une part dans ses études ; enfin il est besoin d'établir un accord constant entre les pratiques de religion, les travaux de l'esprit, les ouvrages des mains et les occupations d'agrément. L'instruction des filles veut être plus étendue qu'autrefois, et être mise en harmonie avec les mœurs et avec les progrès des connaissances. L'unité de méthode, d'exercice, qui conduit à l'ordre et règle l'emploi du temps, devient, plus que jamais, nécessaire à adopter. Il est une surveillance réclamée à-la-fois par la société, par les études, et par les familles que désespèrent les abus actuels, ou qui ne connaissent pas l'éducation propre au rang de leurs filles.

Nous avons vu, naguère, s'élever, avec un grand fracas, une institution qui intéressait bien plus la vanité que la charité ; mais qui peut devenir utile à l'humanité sous un Gouvernement ferme, parce qu'il est légitime ; juste, paternel, parce qu'il ne spécule pas sur ses bienfaits. Néanmoins, l'organisation de la société maternelle sert à prouver que l'administration des écoles du sexe ne doit pas lui ressembler. Proportionner la matière et le degré des études et des travaux, d'après le rang du plus grand nombre des éléves, voila ce qu'il faut principalement à ces écoles ; ce que ferait, avec sagesse et avec zèle, un bureau composé de l'Evêque ou du Curé, du Préfet ou du Sous-préfet, du Maire et du Principal ou Proviseur du Collége, s'il y en a dans le canton.

Chaque institutrice fournirait les preuves de l'éducation qu'elle aurait reçue, et l'on désirerait qu'il fût possible au Gouvernement d'établir, dans trois ou quatre grandes villes, des écoles normales pour les institutrices, dont les Professeurs seraient exclusivement les maîtresses les plus habiles. Que s'il était nécessaire d'admettre, dans les pensionnats, des maîtres de langues, ils seraient pris par le bureau parmi les gradués de l'Université. Ainsi on choisirait les maîtres d'agrémens, si ridiculement appelés *Professeurs* de danses, de dessin, etc. Au bureau appartiendrait d'indiquer les livres à étudier, et peut-être en manquons-nous d'assez élémentaires : qu'il surveillât une ou plusieurs écoles, à la fin de l'année solaire, il enverrait au Recteur des notes sur l'état des études, le nombre des élèves, et sur la bonne discipline. Le chef de l'Académie composerait un tableau raisonné de ces notes, et l'adresserait au Chancelier, qui le soumettrait, avec des observations, à la grande Direction de l'Université pour le présenter au Roi et à Madame.

TABLE.

FAUTES D'IMPRESSION.

Page 6, ligne 17. quelques, *lisez :* quelque
Page 8, ligne 29. général, *lisez :* générale
Page 16, ligne 22 faits, *lisez ;* faites
Page *idem*, ligne 35. d'humanité, *lisez :* d'humanités
Page 17, ligne 9. ses sciences, *lisez :* les Sciences
Page 19, ligne 9. resaisi, *lisez :* ressaisi
Page 22, ligne 34. honorables, sont imposées, etc, *lisez :* honorables, puisqu'elles sont précieuses à la société, sont imposées, etc.
Page 24, ligne 36. à son, *lisez :* à leur
Page 27, ligne 6. sont tous égaux, *lisez :* sont égaux
Page 28, ligne 18. L'institution, *lisez :* L'instruction
Page *idem*, ligne 22. l'instruction, *lisez :* l'Université
Page 32, ligne 13. locale, *lisez :* locales
Page 33, ligne 12. éligibilité, *lisez :* élection.
Page *idem*, ligne 31. ordonne, *lisez :* ordonna
Page 36, ligne 5. se lier à, *lisez :* servir l'esprit
Page 41, ligne 5. sur elle, *lisez :* sur celle-ci
Page *idem*, ligne 31. intenter aux, *lisez :* intenter contre
Page 42, ligne 40. ne doit plus, *lisez :* ne doit point
Page 43, ligne 12. en elle, *lisez :* en lui
Page 48, ligne 36. du progrès, *lisez :* des progrès
Page 51, ligne 2. les boursiers, *lisez :* ces boursiers
Page 53, l. 36. de les dispenser, *lisez :* de dispenser ces écoles
Page 55, ligne 22. ce n'est que, *lisez :* ce n'est aussi que
Page *idem*, ligne 39. romans, *lisez :* romances

www.ingramcontent.com/pod-product-compliance
Lightning Source LLC
LaVergne TN
LVHW011955160826
845678LV00002B/548